My Sketchbook of
San Miguel de Allende

Mi cuaderno de dibujos de
San Miguel de Allende

ISBN: 978-0-9906102-1-2

First Edition (e-book) / Primera Edición: 2013
Second Edition (print) / Segunda Edición: 2013
Third Edition (e-book) / Tercera Edición: 2014
Fourth Edition (print) / Cuarta Edición: 2014

Library of Congress Control Number: 2014912885
Numéro de control de la Biblioteca del Congreso: 2014912885

Printed in the United States of America
Impreso en los Estados Unidos de América

lizscottaillustrator@gmail.com

All profits from the sale of this book will be donated to
La Biblioteca Publica de San Miguel de Allende's Children Art Workshops
Todas las ganancías generadas por este libro serán donadas a Los Talleres
Artisticos Infantiles de La Biblioteca Pública de San Miguel de Allende

Author photo by / Foto del autor por: Susan Gale
Editors / Editores: Lorie Topinka and Liliana Valle
Book design / Diseño de libro: Patricia Garcia Arreola
Fonts / Fuentes: Desereted, Garamond

My Sketchbook of
San Miguel de Allende

Mi cuaderno de dibujos de
San Miguel de Allende

Liz Scotta

Liz Scotta Publishing

I dedicate this book to my parents

Muriel Elizabeth Pink and Leo Jack Scotta

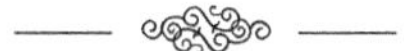

Dedico este libro a mis padres

Muriel Elizabeth Pink y Leo Jack Scotta

A drawing is simply

a line going for a walk.

— Paul Klee

Un dibujo es simplemente

una línea que va de paseo

— Paul Klee

Table of Contents

Introduction

Last summer, as I wrote and illustrated my first book, everything was new to me—obtaining an ISBN (International Standard Book Number) and a bar code, and checking out sizes of legible fonts. There was no time for a Library of Congress registration. Patty Garcia, who designed the book, and I picked 62 images, 37 in black and white and 25 in color from 3 summers of sketching. Lorie Topinka, my editor, helped me find which images would be included. There were 4 different styles of illustrations: the use of a black line from a Faber-Castille or Micron pen; the use of watercolor within shapes formed by dark lines; painting with water over the lined images and dropping watercolor paint allowing the color to move in a variety of means; drawing in pencil first, with watercolor layers added.

This past summer, 2014, I added the use of color through the pens themselves, mostly red. I added over 5 paintings done three years ago: the city scape of Guanajuato, the bananas, the wooden colorful pig, and the street scene of the "gas station market" from 2012.

What's new to this edition? I kept previous chapters as a unifying element to the book but added Colonia Guadalupe or the Guadalupe Neighborhood. In the short excursion chapter I added a vista of Peña de Bernal and a church in the town of Bernal.

Since I have sewn for decades, I've always enjoyed a yearly visit to Abrazos. I passed one and a half hours sitting by the door listening to newcomers marvel at the colorful fabric and merchandise for sale.

With the World Cup on TV in many bar and restaurant televisions I cheered for Mexico, USA, and finally Brazil. Christine and I patiently tried to explain the game of soccer to numerous gringa friends who would ask, "Can we talk now?" I included 2 drawings, Cafe Rama and Mama Mia. Right after I drew the score changed with an added goal!

Like many tourists and residents, one afternoon I spent time in Starbucks. The coffee shop provided me with still models focused on their technology. Like his name, Johnny´s Piano Bar is my favorite place to have drinks with friends.

Introducción

El verano pasado, cuando escribí y dibuje mi primer libro, todo era nuevo—obteniendo un ISBN (número internacional de libros) y un código de barras, y buscando tamaños de fuentes legibles. Patty Garcia, quien diseño el libro, y yo escogimos sesenta y dos imágenes de las que había dibujado durante tres veranos, treinta y siete dibujos en blanco y negro y veinticinco en color. Lorie Topinka, my editor, me ayudo a escoger los dibujos para el libro. Hay cuatro estilos distintos de dibujos: el uso de dibujo de línea hecho con rotuladores Faber-Castille o Micron; el uso de acuarela dentro de formas creadas a través de dibujo de línea; acuarelas sobre agua que se pinta sobre imágenes delineadas, permitiendo que el color se mueva libremente; capas de acuarela sobre un dibujo en lápiz.

Este verano, 2014, añadí el color con los rotuladores mismos, primariamente rojos. Añadí más de 5 dibujos de color que hice hace tres años: la vista de Guanajuato, el dibujo de plátanos, el colorido cochinito de madera y la vista del mercado frente a la bomba de gasolina hecho en el 2012.

¿Que hay de nuevo en esta edición? Dejé los capítulos de la primera edición como un elemento unificador en el libro, pero añadí el capítulo de la Colonia Guadalupe. En el capítulo de Excursiones Cortas, añadí la vista de Peña Bernal y la iglesia en el pueblo de Bernal.

Come he sido costurera por décadas siempre me encanta hacer una visita anual a Abrazos. Un día me quede sentada por hora y media cerca de la entrada escuchando a clientes nuevos asombrarse con las coloridas telas y mercancía.

Al ver La Copa Mundial en televisiones de bares y restaurantes apoyé a México, a los Estados Unidos y también a Brazil. Christine y yo intentamos, con mucha paciencia, a explicarle el juego de fútbol a varias amigas gringas que interrumpían constantemente preguntando, "Cuando podemos platicar?" Incluí dos dibujos que hice en Café Rama y Mama Mia. Tal pronto que terminé mis dibujos, el contador cambió, favoreciendo un gol!

Como muchos de los turistas y residentes, pase una tarde en Starbucks. Este lugar me dio la oportunidad de dibujar modelos quietecitos enfocados totalmente en su tecnología. Como su nombre, el Piano Bar de Johnny es my lugar favorito para disfrutar bebidas con amigos.

Twice this summer I made my yearly pilgrimage to draw at Henry Vermillion's home. For 25 years artists have drawn life models. I chose instead to draw the artists and to capture the spirit of his living room with myriad objects on the walls and shelves.

I joined a Thursday Meet Up group and drew new residential interiors. Included in this edition is Raisi's kitchen and a magnificent view from Leslie and Dennis' home of the Mercado de San Juan de Dios. The group came to my colorful rental, Casa del Alma, three times. I had ample time to finish 2 drawings of the beautiful courtyard, 1 of the dining room, and 1 of the living room. One night I made dinner for five SMA authors. We had cocktails in the living room, a three-course meal in the dining room and coconut cake and coffee on the roof. The cake was inscribed "one should read, one should write."

Finally, I have added a new chapter, Colonia Guadalupe, which nowadays has become a trendy place to live in and visit. How has this happened? I believe is due in large part to Colleen Sorenson's Muro Blanco (blank wall) project which culminated with 40 young artists from around the world expressing themselves in beautiful colors and images together with global messages for everyone to think about. While the art can be controversial, these young artists have electrified Colonia Guadalupe by creating an Art Center of SMA. The neighborhood walls were transformed on March 22 and 23, 2013. My celebration of their work can be found in my linear drawings of their murals. I sat and sketched, or as one passerby commented, "What are you doing? art of art?" Precisely!

M. Ledesma is my favorite street; this edition has 5 new drawings of Vía Orgánica and Marcia's Black and White Boutique. I encourage everyone to walk on this street, starting with La Isla, I love buying fresh fish flown in from Baja, California. I don't worry when I run out of art supplies; a visit to El Pato will alleviate any needs. When my stomach growls, there is Via Organica's groceries, take out or eat in restaurant. When I couldn't find a particular cheese one summer I was introduced to Gil's Tienda, doors away and secured my needed ingredient. My six week vacation started in June, in Jo's lovely home. This edition includes new drawings of the office and my mosquito net bedroom.

It's been a wonderful summer.

— Liz Scotta
July 2014

Dos veces este verano hice mi peregrinación a dibujar en la casa de Henry Vermillion. Hace veinticinco años que él abrió su casa a los artistas que desean dibujar modelos en vivo. En vez de dibujar a los modelos, yo prefiero dibujar a los artistas, y trato de captar el ambiente de su sala con la multitud de objetos de arte en las paredes.

Soy miembro de un grupo de artistas llamado *Thursday Meet-up*. Dibujamos los interiores de nuevas residencias. En esta edición incluí la cocina de Raisi y la magnifica vista del Mercado de San Juan de Dios desde la casa de Leslie y Dennis. Los artistas en mi grupo vinieron tres veces a pintar mi casa alquilada, Casa del Alma. Tuve suficiente tiempo para terminar dos dibujos del bello patio, uno del comedor, y uno de la sala. Una noche, cocine para cinco autores que viven en SMA. Hubo cócteles en la sala, una cena de tres tiempos en el comedor, y disfrutamos de pastel de coco y café en la terraza. En el pastel escribí, "Hay que leer, hay que escribir."

Finalmente, añadí un capítulo nuevo, Colonia Guadalupe, que hoy día está de moda como un lugar para vivir y visitar. ¿Como sucedió? Pienso que en gran parte se debe a los esfuerzos de Colleen Sorenson y su proyecto, Muro Blanco, que culminó con cuarenta jóvenes artistas internacionales expresándose con bellos colores e imágenes con mensajes globales que hacen pensar. Aunque el arte puede ser polémico, estos jóvenes artistas han electrificado la Colonia Guadalupe, al crear un Centro de Arte para SMA. Las paredes del vecindario se transformaron durante el 22 y 23 de Marzo del 2013. Mi celebración de su trabajo se encuentra en mis dibujos de línea de sus murales. Me senté y dibujé lo que una persona al pasar comentó, "¿Qué haces? ¿Haces arte del arte?" Exactamente.

M. Ledesma es mi calle favorita! Esta edición contiene cinco dibujos nuevos de Vía Orgánica y de la Boutique Negro y Blanco de Marcia. Recomiendo que todos tomen una caminata por esta calle, comenzando con La Isla, me encanta comprar el pescado fresco de Baja California. Nunca me preocupo de estar sin materiales de arte; una visita a El Pato basta para conseguir todo lo necesario. Cuando tengo hambre, puedo ir a Vía Orgánica por abarrotes, a su restaurante, o a llevar de su comida ya preparada. Un verano cuando no podía conseguir un queso especial me dijieron de la Tienda de Gil a solo unas puertas de ahi y asi encontre ese ingrediente necesario. Mi verano encantado empezó este junio en la bella casa de Jo. En esta edición incluí nuevos dibujos de la oficina y de la recámara con el mosquitero sobre la cama.

Ha sido un verano divino.

— Liz Scotta
Julio 2014

Day Trips

Viajes Cortos

My favorite experience drawing outside of San Miguel was during the third week of July, 2010. My friend Morgan and I took cushions and cardboard to sit on as we leaned against a wall looking straight ahead at the world famous Santuario de Jesus de Nazareno de Atotonilco. Besides admiring this UNESCO World Heritage Site, there was so much activity around the church in preparation of the Fiesta honoring Jesus Nazareno. Men in trucks unloaded 5 gallon pots full of food, teenage girls practiced walking down a wooden runway for a fashion show, while somber, older women arrived in a processional manner. We enjoyed the drawing and people watching, until Morgan realized she was sitting on an ant hill!

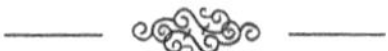

Mi experiencia favorita dibujando fuera de San Miguel fue durante la tercera semana de Julio de1 2010. Morgan y yo tomamos cojines y cartón para sentarnos mientras nos apoyabamos en una pared mirando al frente al famoso Santuario de Jesús Nazareno de Atotonilco. Además de admirar este Patrimonio de la Humanidad de la UNESCO, había mucha actividad en torno a la iglesia con la preparación de la Fiesta en honor a Jesús Nazareno. Los hombres de los camiones descargaban ollas de 5 galones llenas de comida, chicas adolescentes practican caminar por una pasarela de madera para un desfile de moda, mientras mujeres sombrías llegaban de manera procesional. Nos gustó el dibujar y observar a la gente, ¡hasta que Morgan se dio cuenta de que estaba sentada en un hormiguero!

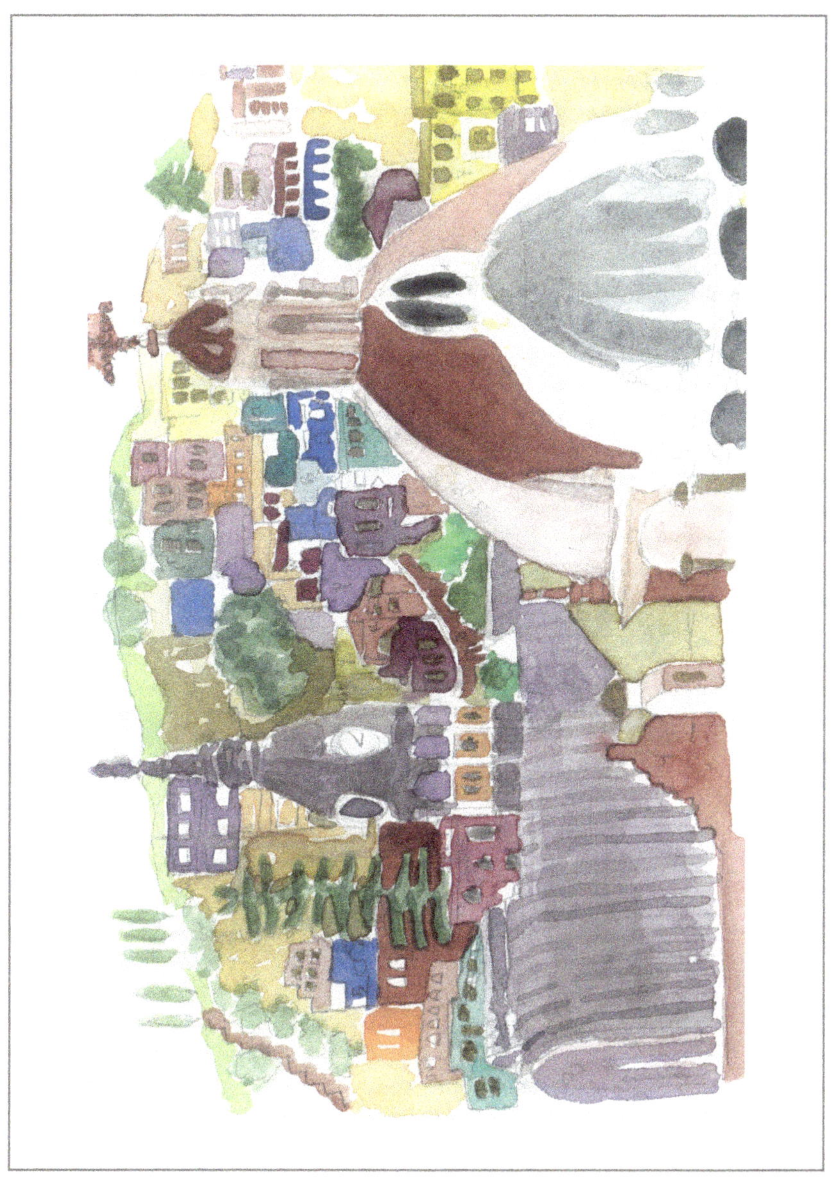

Vista de Guanajuato

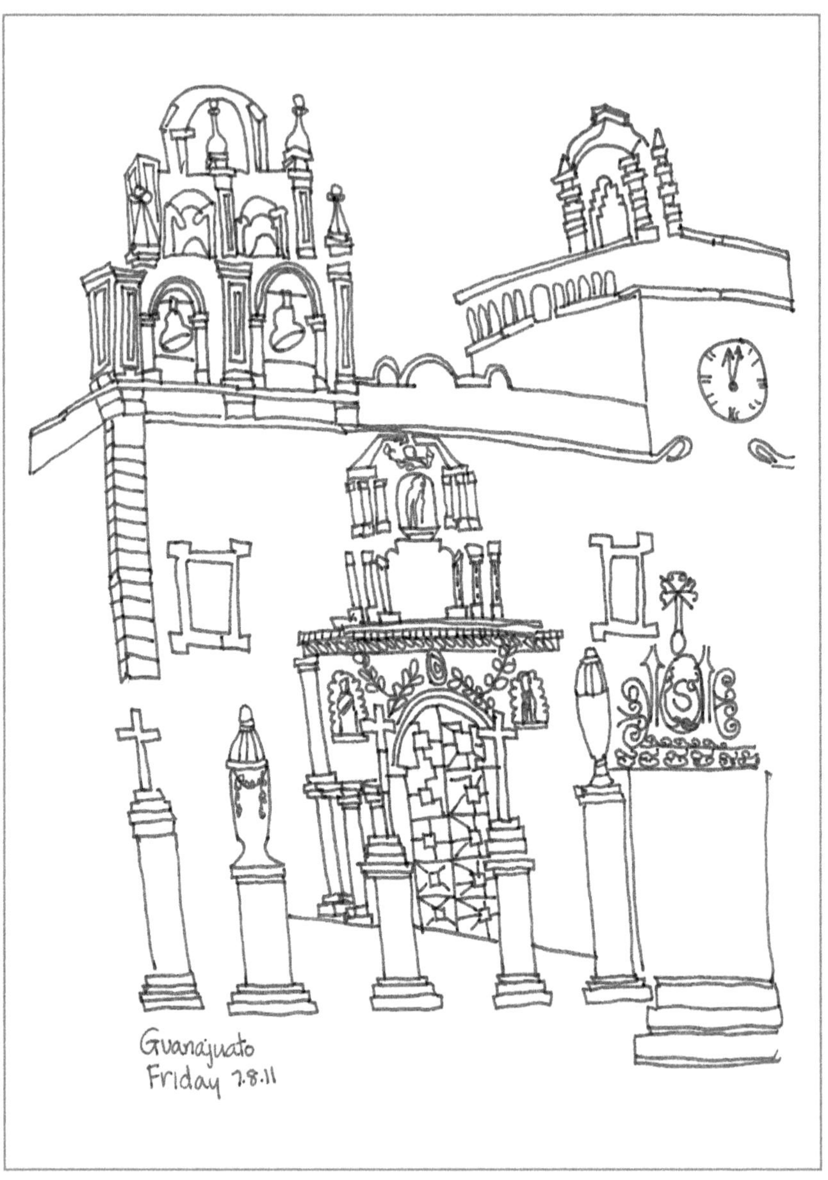

Basilica de Nuestra Señora de Guanajuato
Guanajuato, Gto.

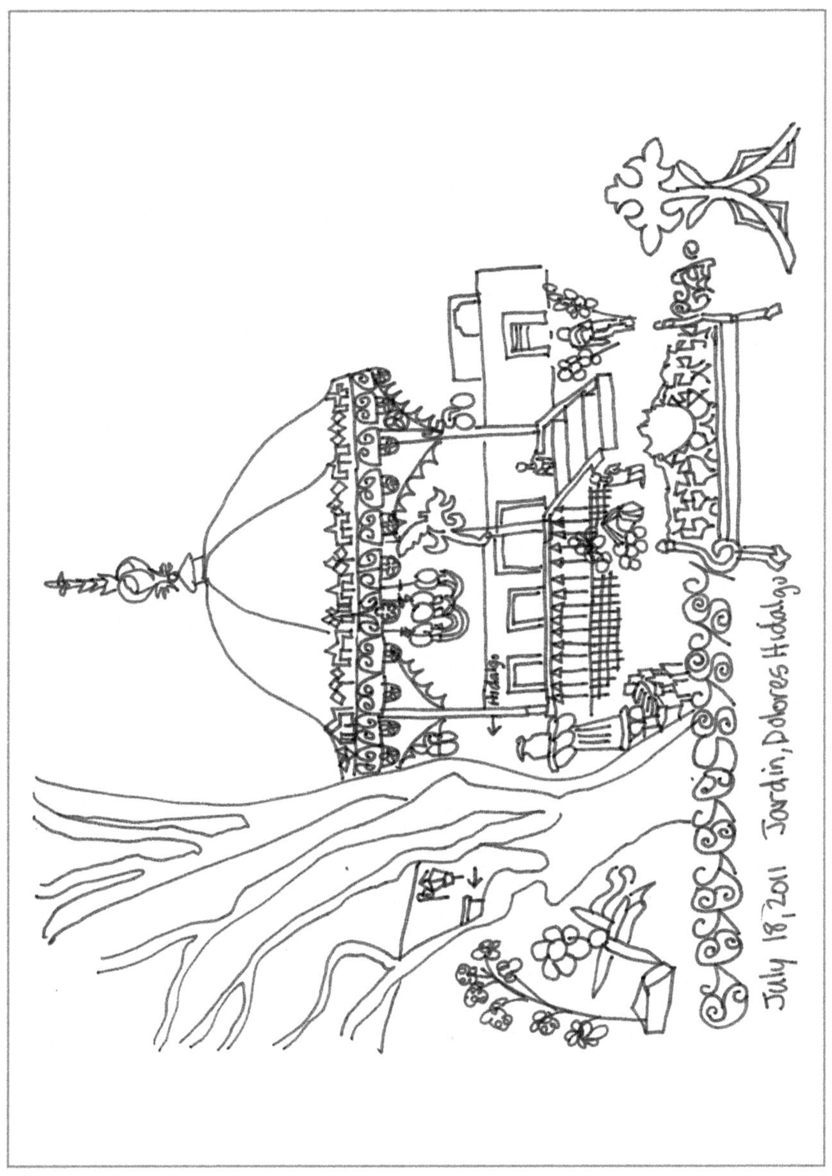

Jardín del Grande Hidalgo
Dolores Hidalgo, Gto.

"El Grito" said by the President of Mexico on September 16 to celebrate the Mexican Independence that began in 1810 with a similar cry in Dolores Hidalgo.

Mexicans!
Long live the heroes that gave us the Fatherland!
Long live Hidalgo!
Long live Morelos!
Long live Josefa Ortiz de Dominguez!
Long live Allende!
Long live Galena and the Bravos!
Long live Aldama and Matamoros!
Long live National Independence!
Long Live Mexico! Long Live Mexico! Long Live Mexico!

¡Mexicanos!
¡Vivan los héroes que nos dieron patria!
¡Víva Hidalgo!
¡Viva Morelos!
¡Viva Josefa Ortiz de Domínguez!
¡Viva Allende!
¡Vivan Aldama y Matamoros!
¡Vivan Galena y los Bravos!
¡Viva la independencia nacional!
¡Viva México! ¡Viva México! ¡Viva México!

"El Grito" dicho por el Presidente de Mexico el 16 de September para celebrar la Independenci Mexicana que comenzó en 1810 con un grito similar en Dolores Hidalgo.

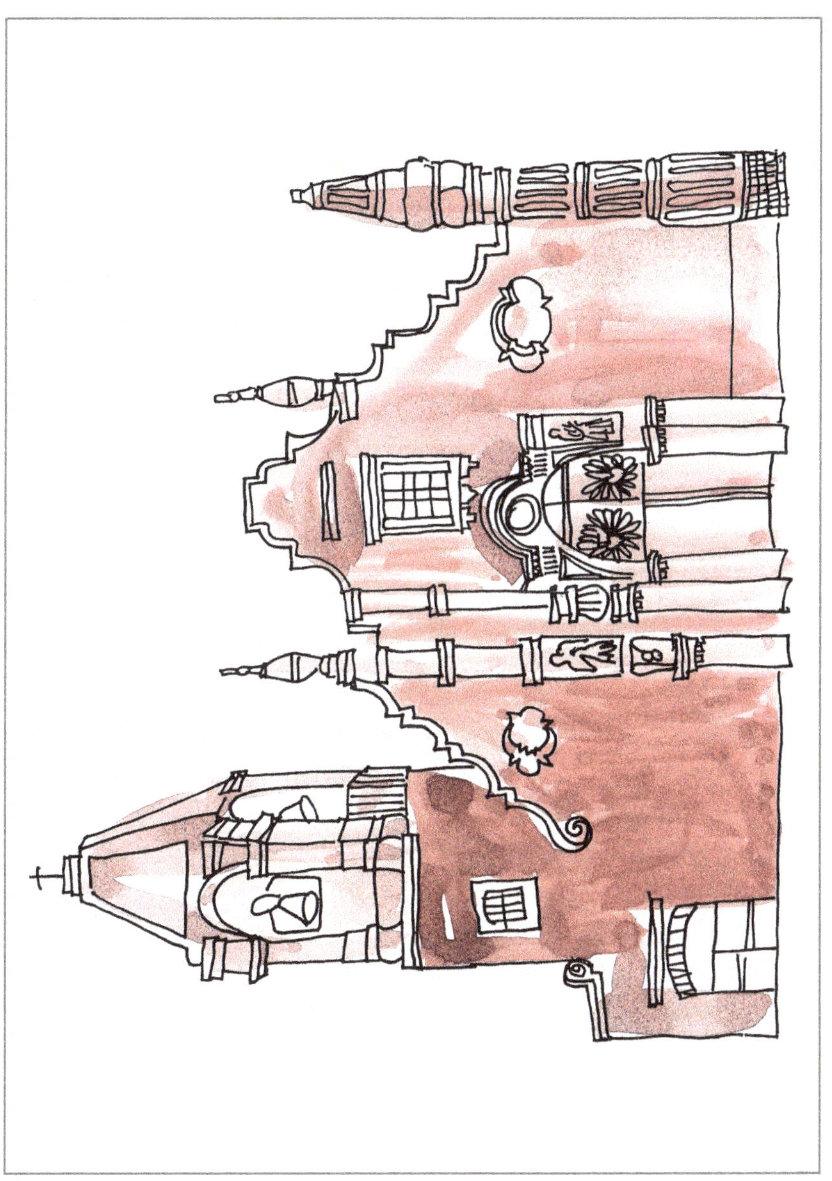

Templo de la Tercera Orden
Dolores Hidalgo, Gto.

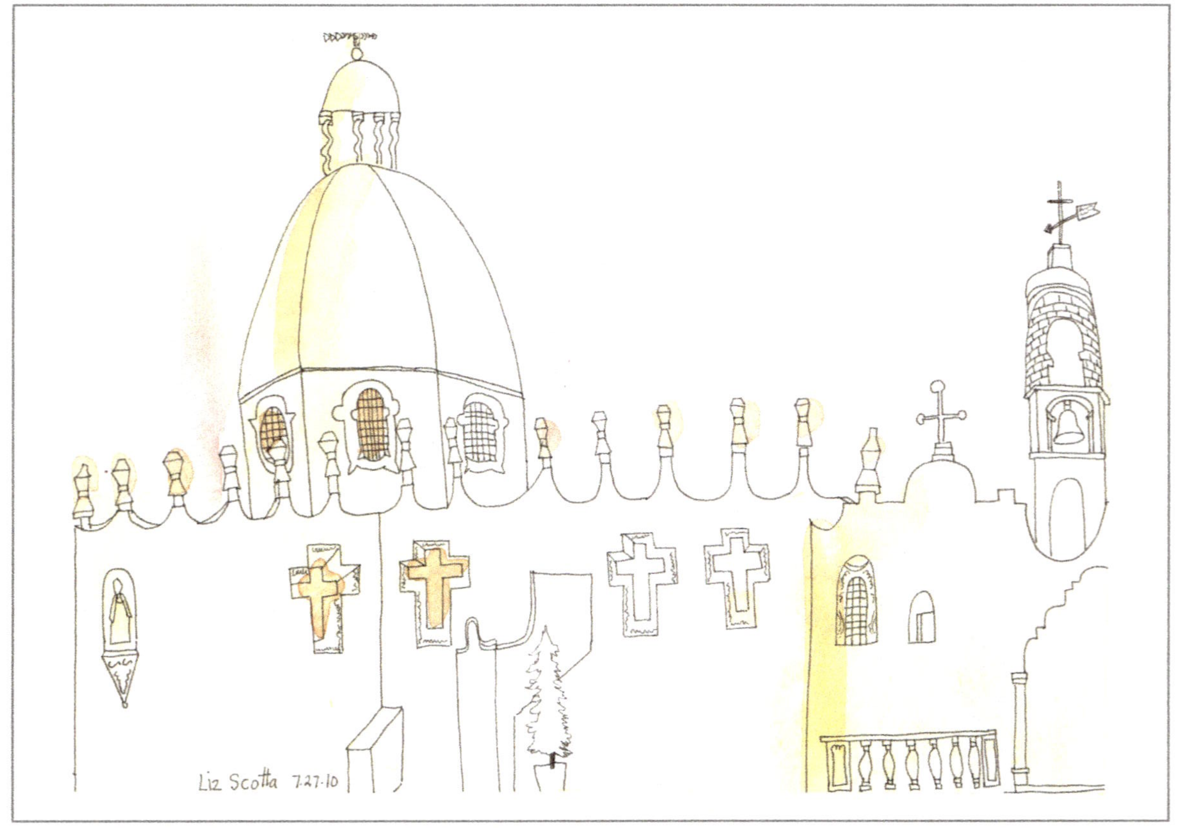

Santuario de Atotonilco
Atotonilco, Gto.

Atotonilco Sanctuary

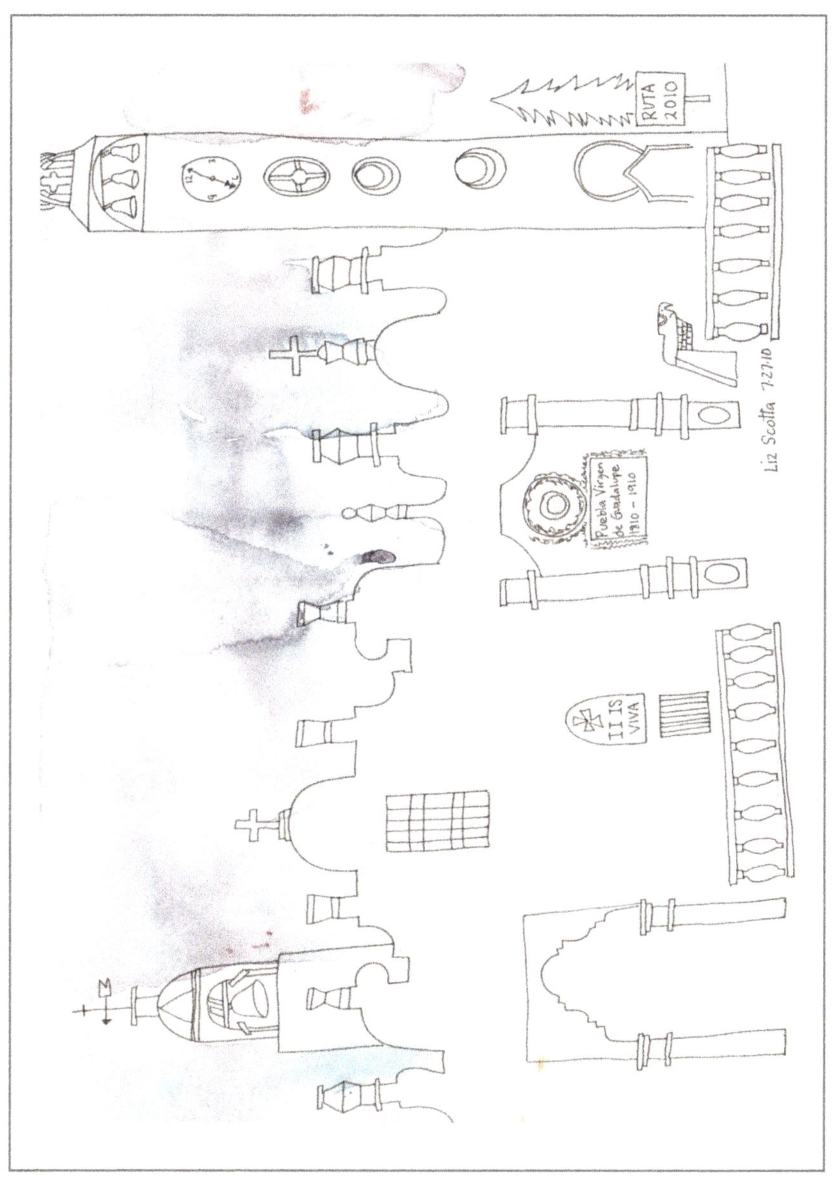

Santuario de Atotonilco
Atotonilco, Gto.

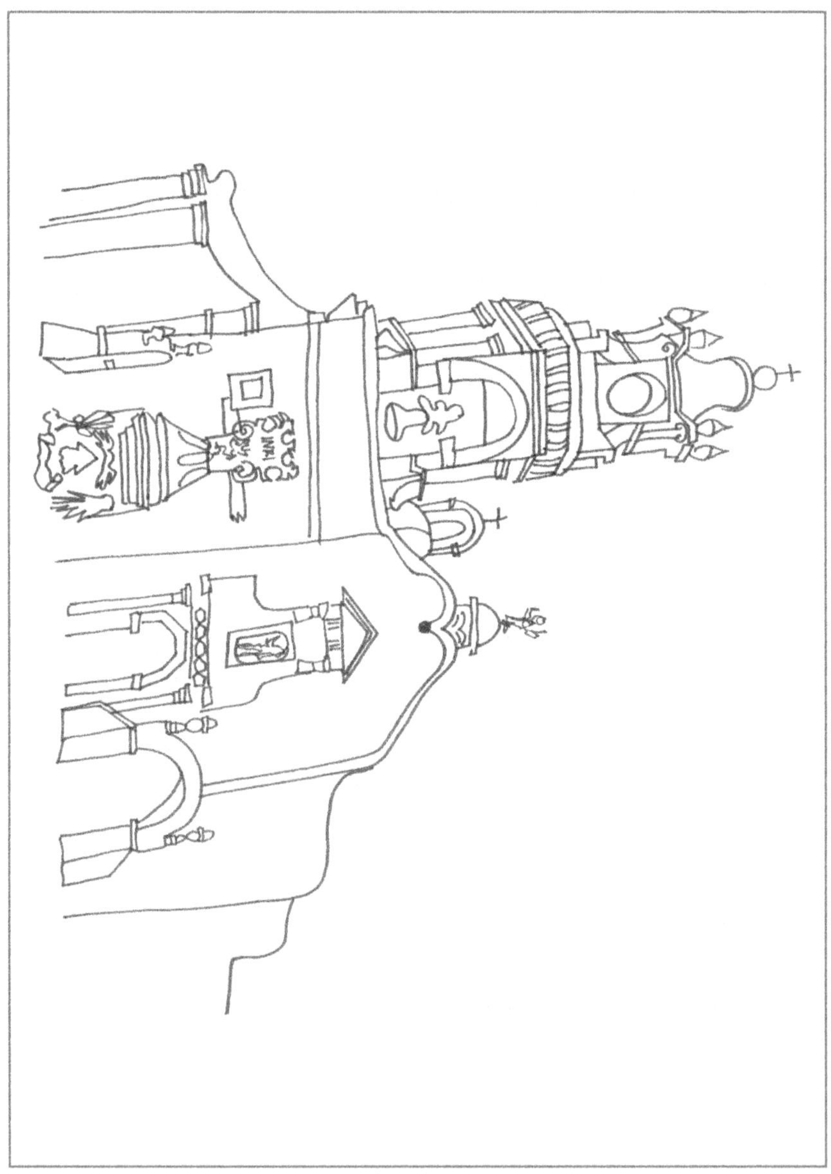

Templo de San Sebastián
San Sebastián Bernal, Qto.

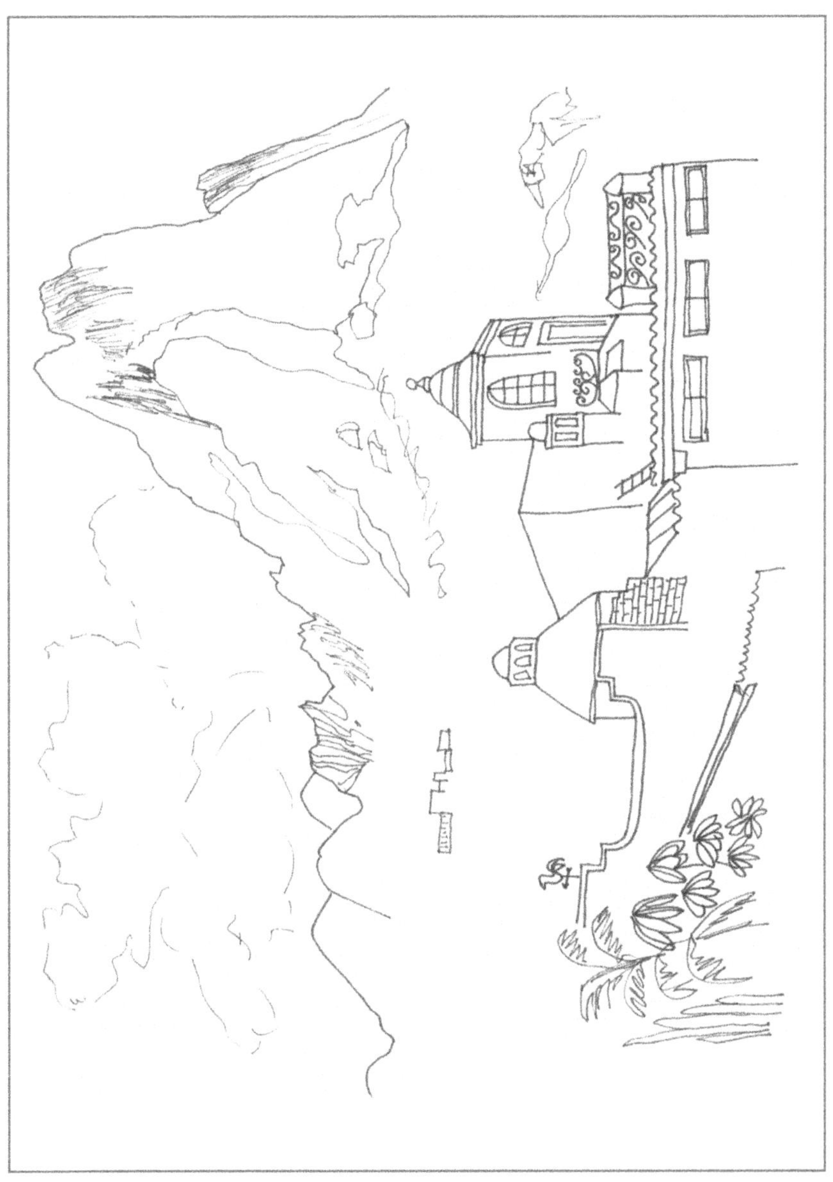

Peña de Bernal
San Sebastián Bernal, Qto.

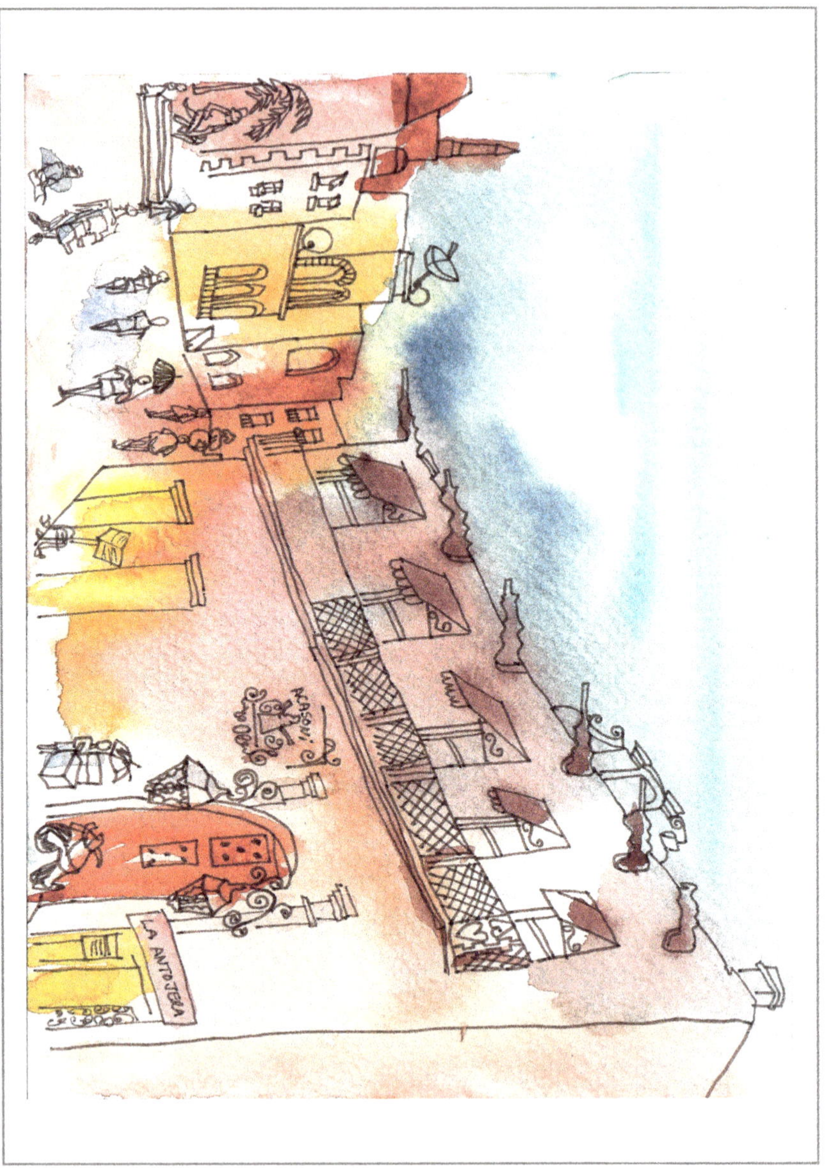

Andador 5 de Mayo en Querétaro
Santiago de Querétaro, Qto.

Dolorosísima Chapel

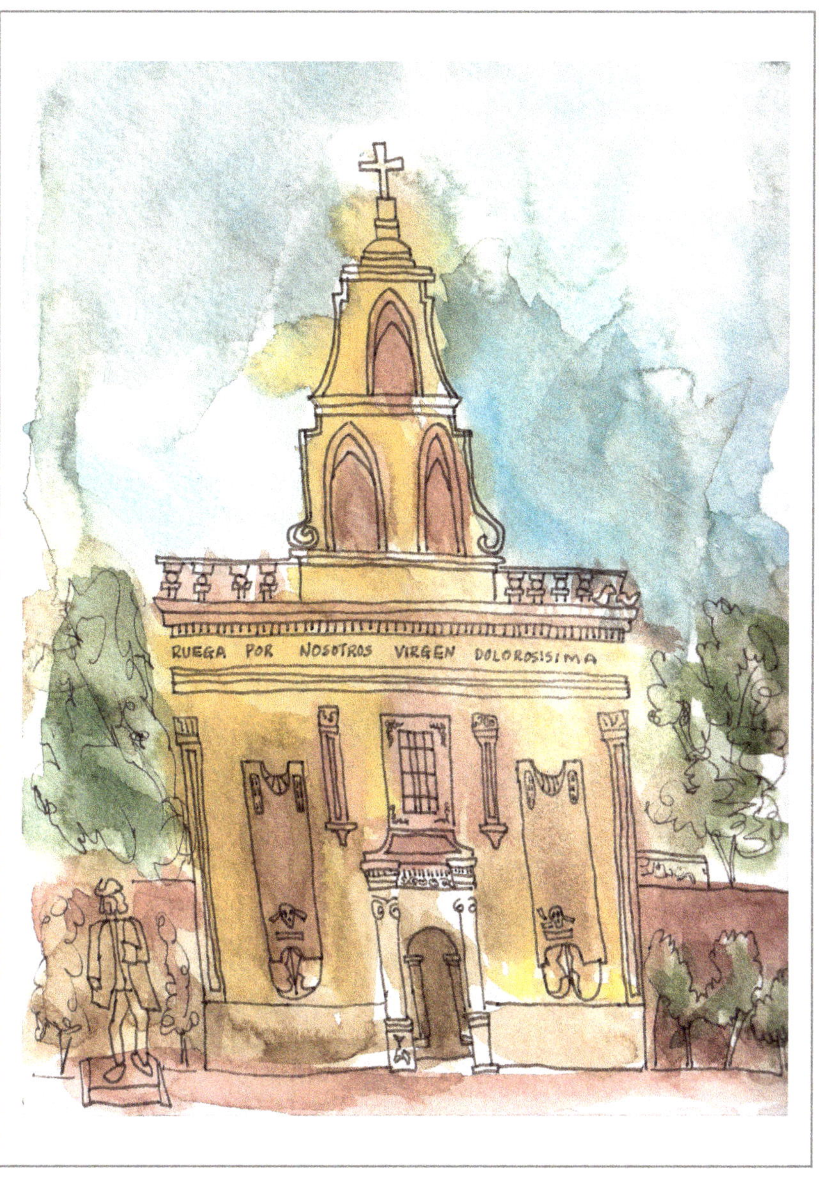

Capilla Dolorosísima
Santiago de Querétaro, Qto.

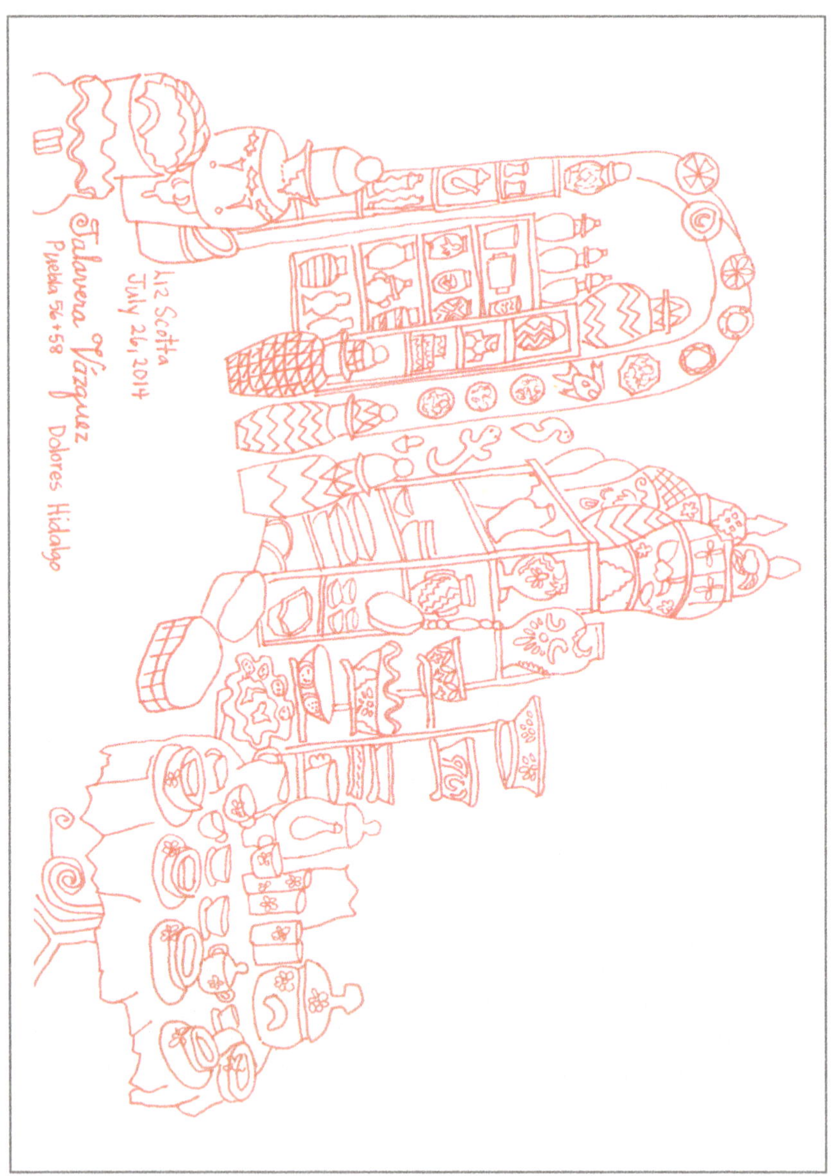

Talavera Vazquez
Dolores Hidalgo, Gto.

El Charco del Ingenio
Botanical Garden

El Charco del Ingenio
Jardín Botánico

Agave (detail)

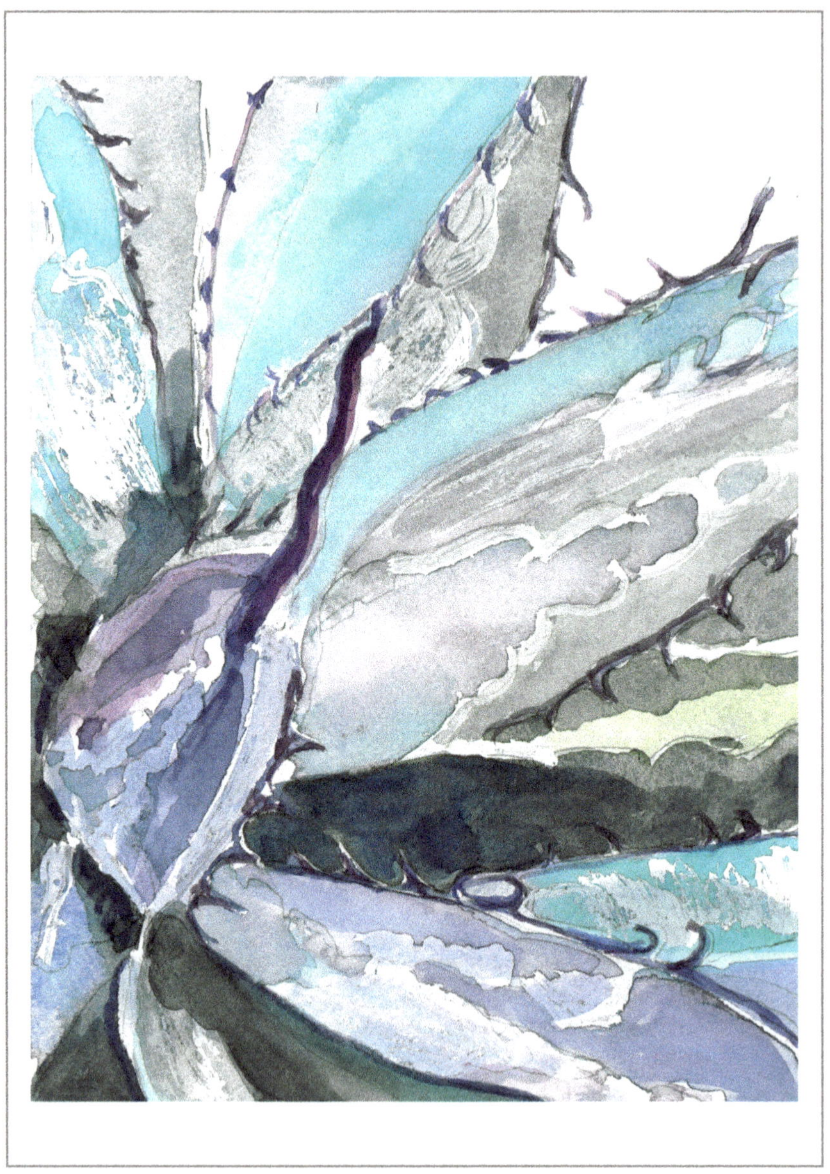

Agave (detalle)

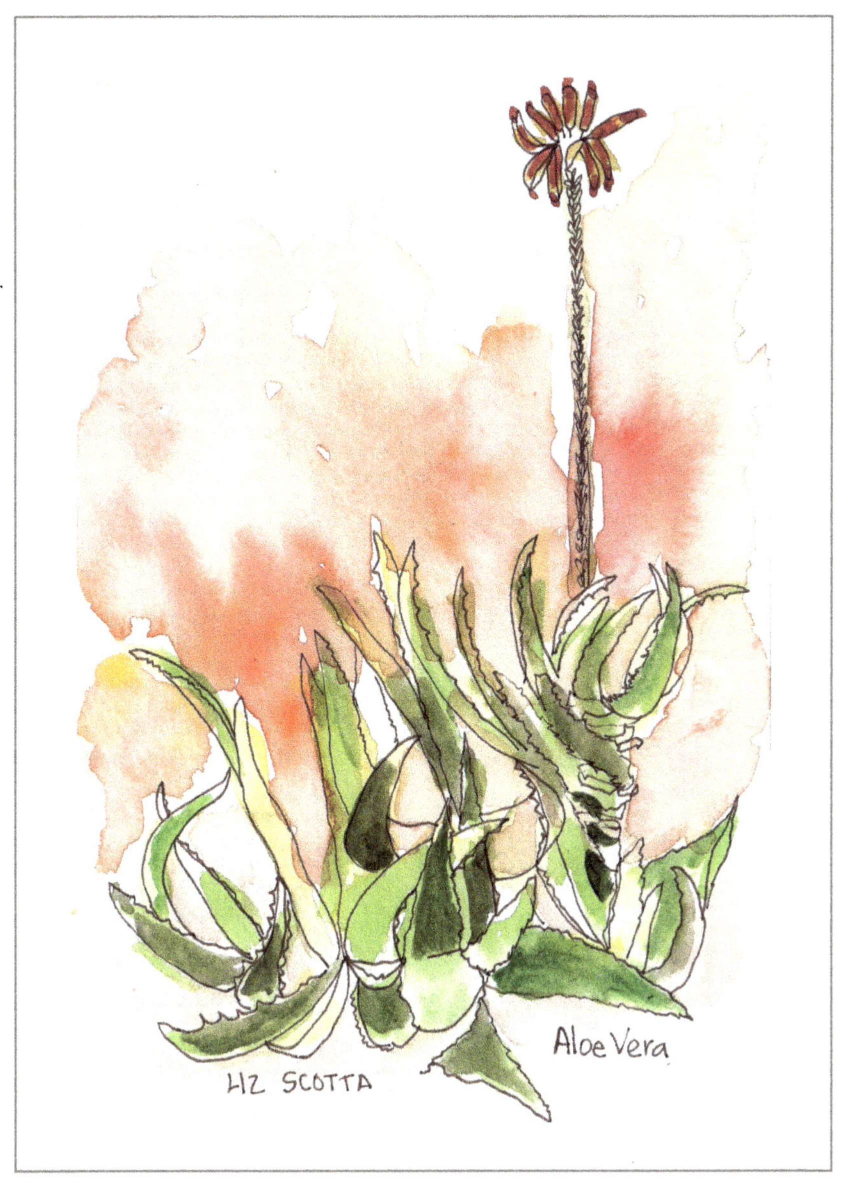

Aloe Vera

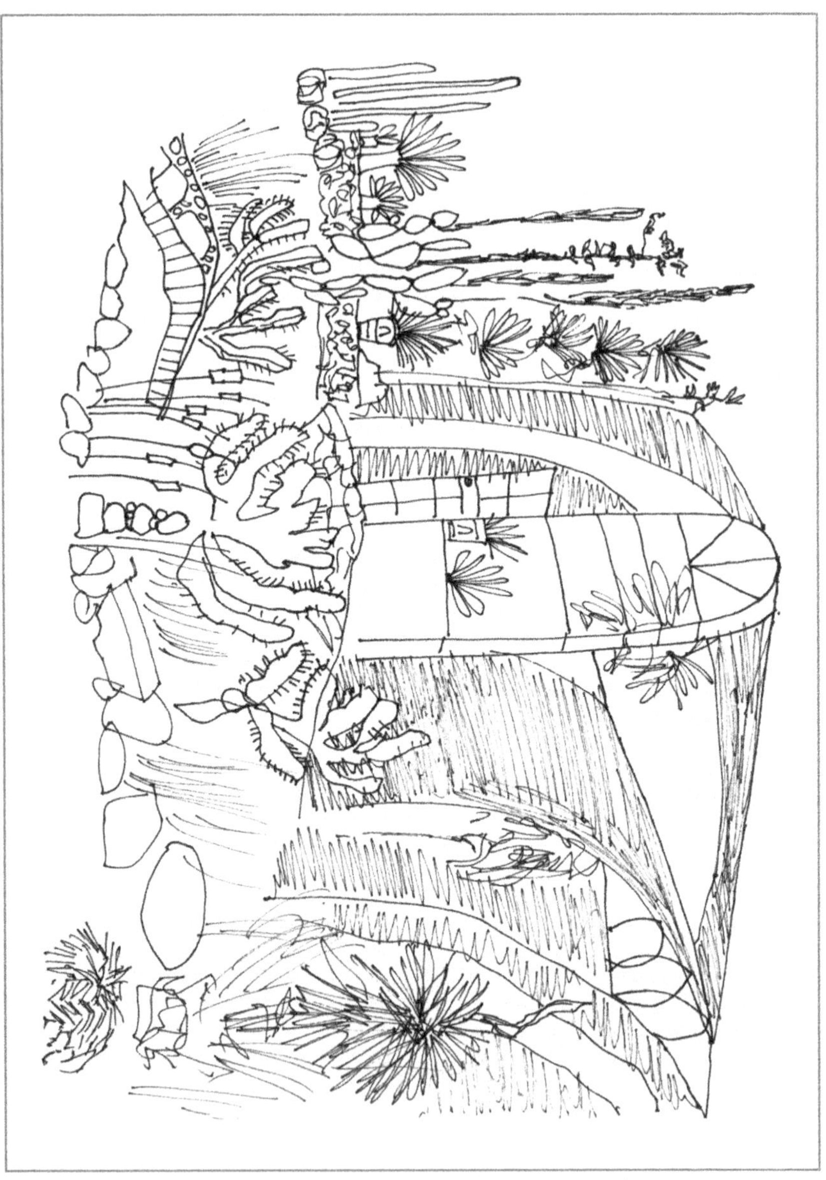

Conservatorio de plantas mexicanas

Courtyards and Plazas

Patios y plazas

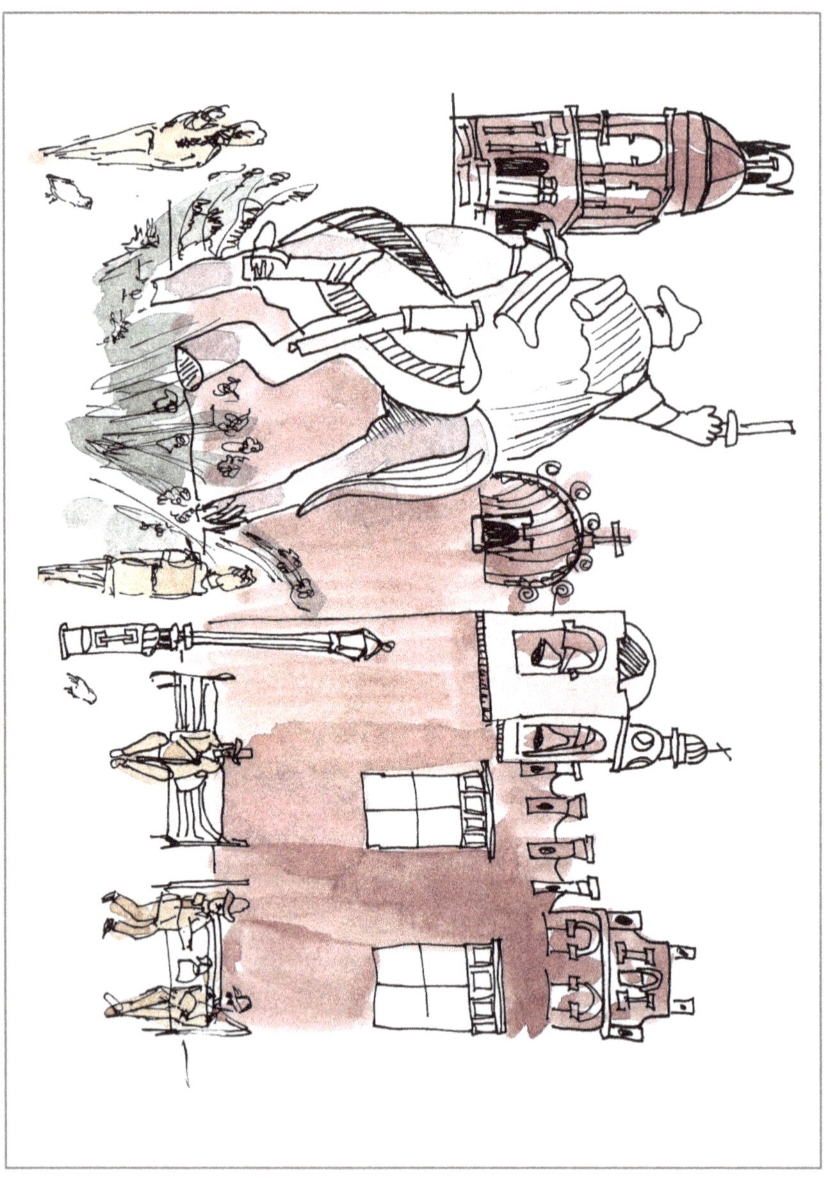

Plaza Cívica

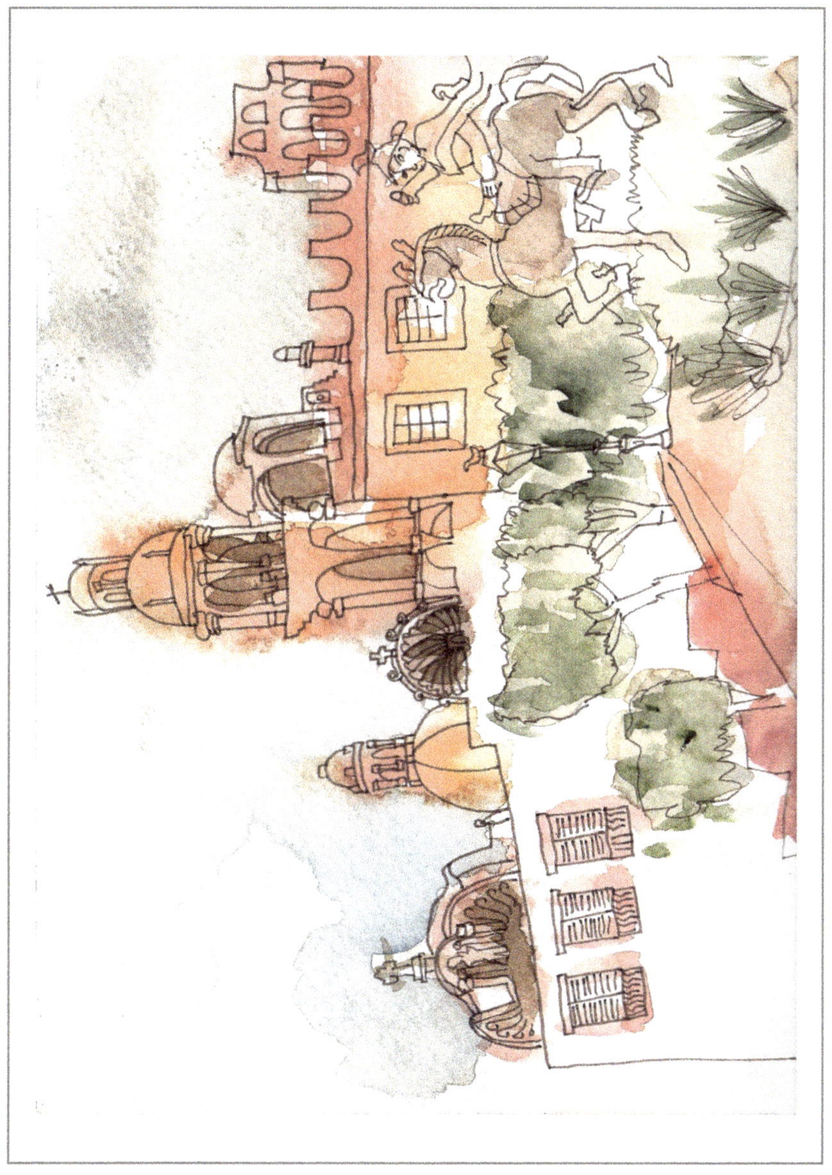

Plaza Cívica

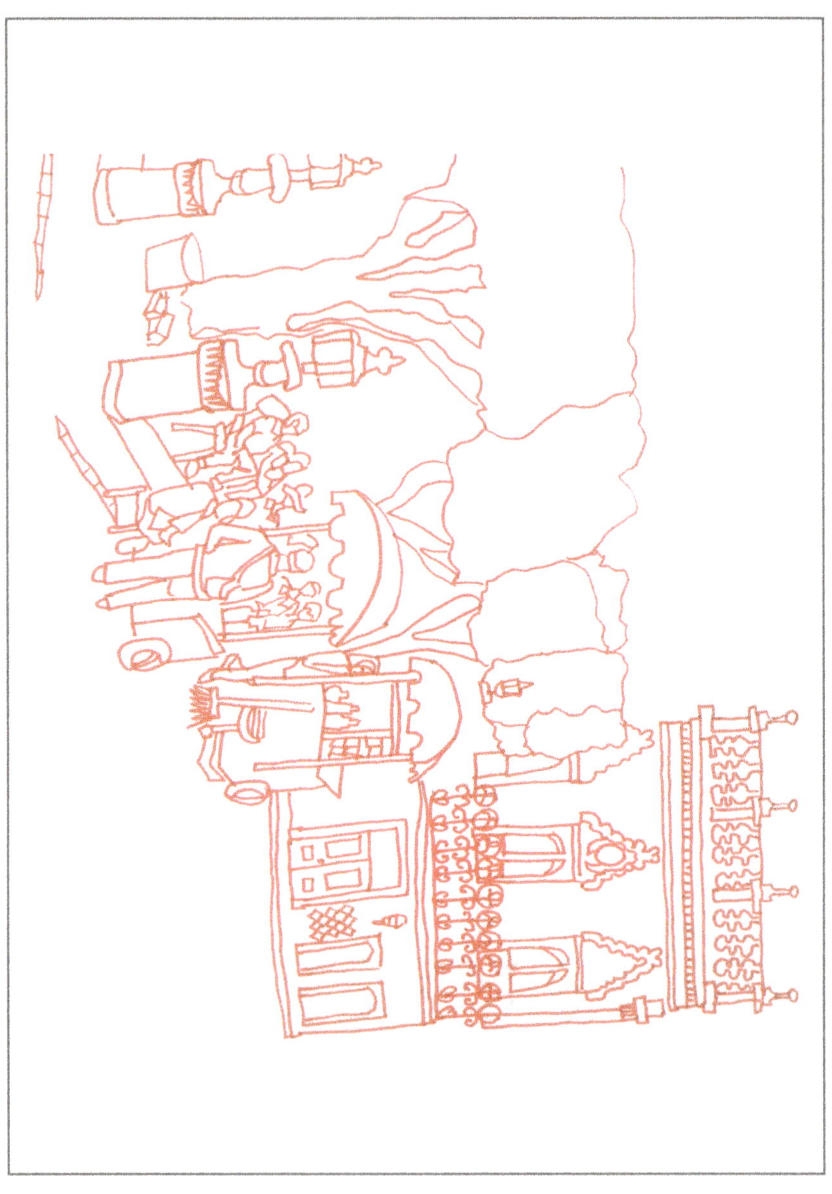

Jardín Principal

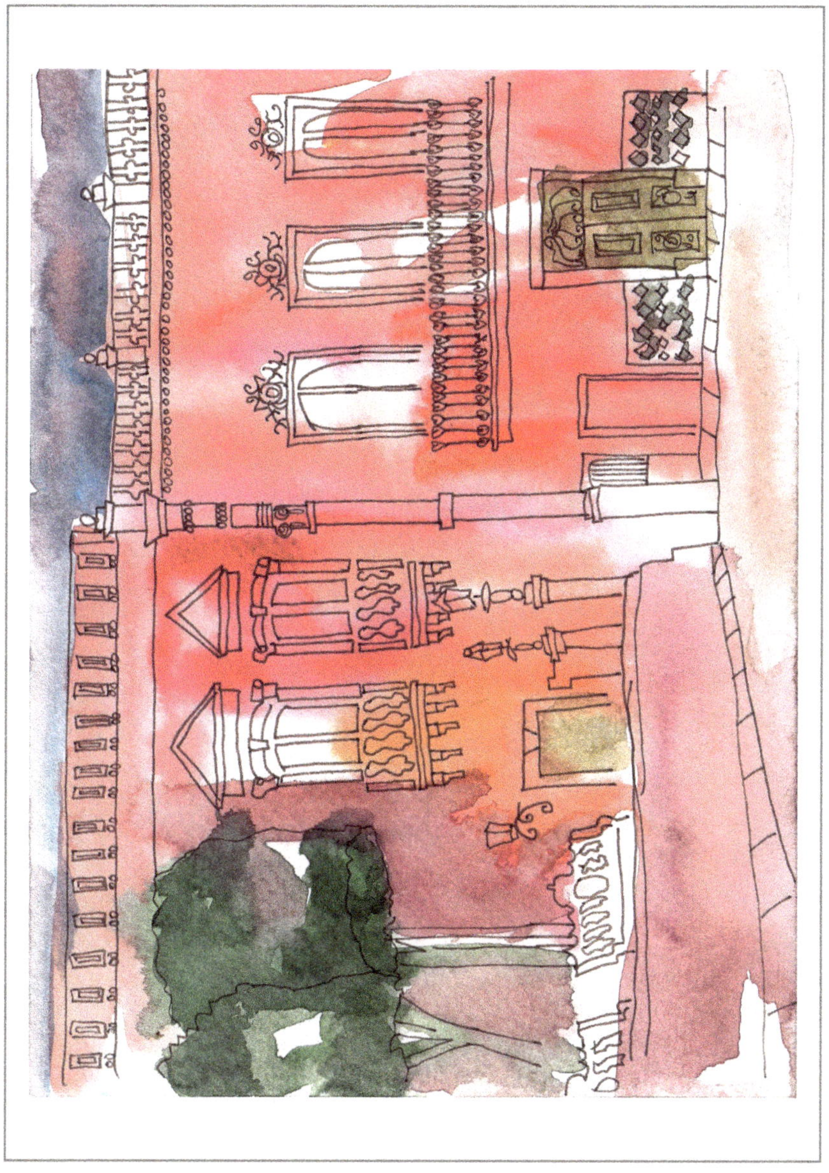

Former City Hall Building in front of Main Garden

Antigua Presidencia frente al Jardín Principal

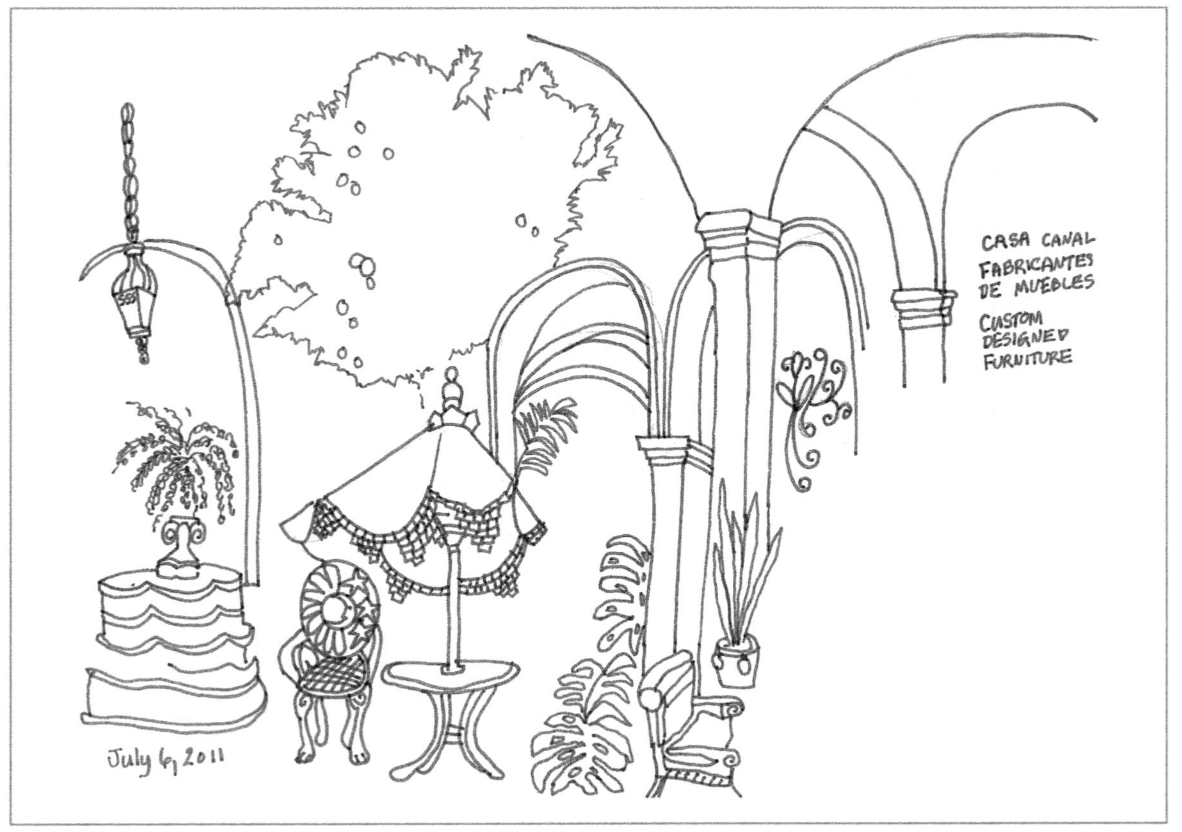
CASA CANAL
FABRICANTES
DE MUEBLES
CUSTOM
DESIGNED
FURNITURE
July 6, 2011

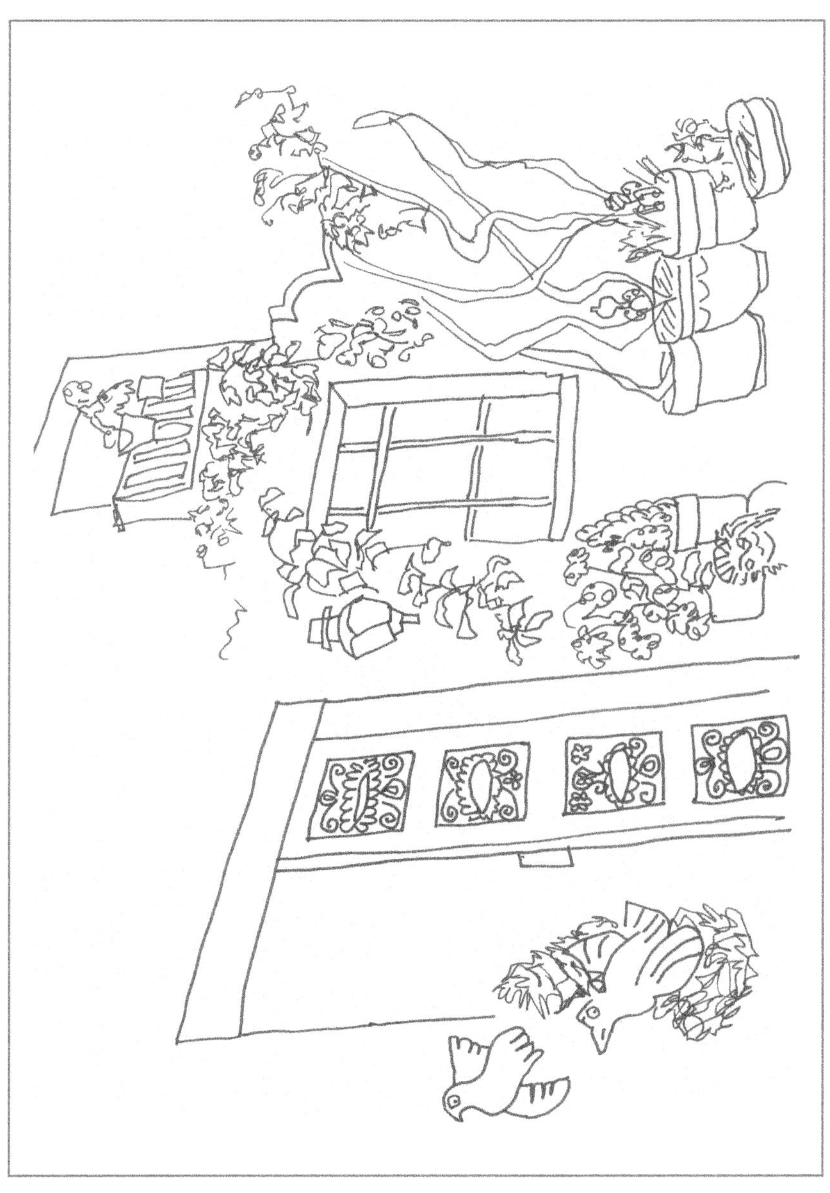

El patio de Sheila

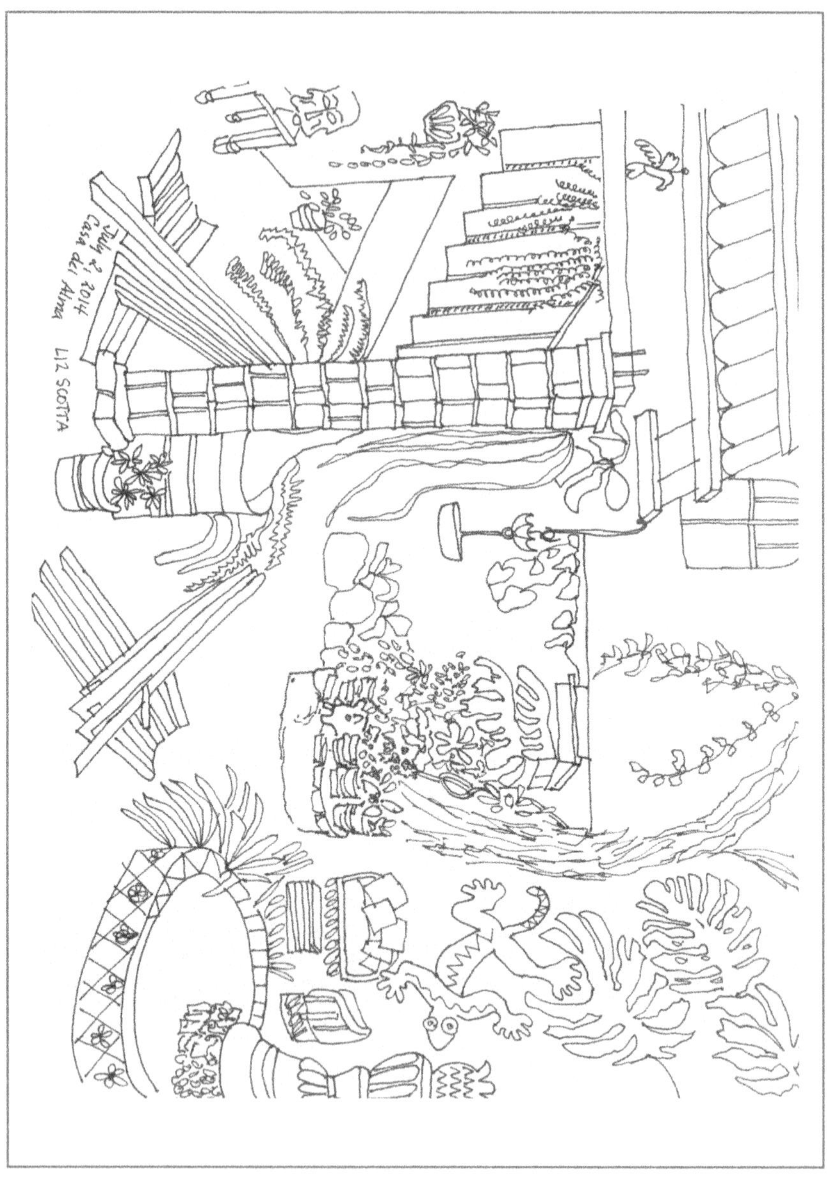

Patio de la Casa del Alma

Casa del Alma Courtyard

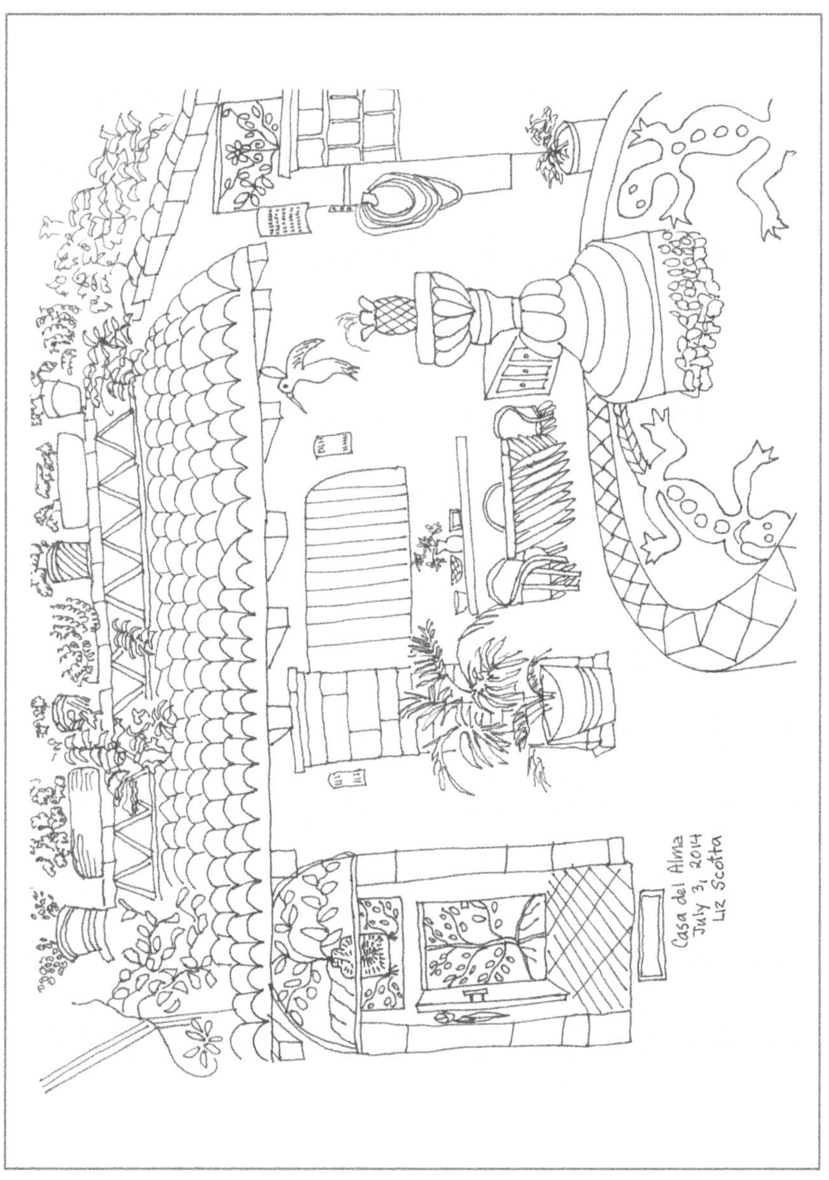

Patio de la Casa del Alma

Exteriors

Exteriores

Foot traffic and passing cars can be distracting when drawing exteriors, so I sketch early in the day. It took 4 hours to draw the House of the Inquisidor on Quebrada Street. I began with the window treatments using the zoom on my camera to see architectural details. I found it interesting to learn that the construction workers were so impressed and amazed with the grapes that the Spaniards had brought to Mexico in the 1700s that they carved them around the top floor windows. At first I thought they were pineapples! A cleaning man noticed me sketching as he came outside to polish the wooden door. We exchanged glances, "Oye, puedo pasar y mirar?" He motioned me over there and I got a peek at the inside with the beamed high ceilings, sculptures and antiques. This is what happens when you sketch; you meet many people.

For three summers I passed La Casa de Cohen, El Arca de Noe on 12 Relox Street, and always noticed the Star of David and the three animal heads under the windows. Finally I sat and sketched the building. I wondered about Isaac Cohen's life; how did he end up in San Miguel de Allende, constructing this building in 1930? Did San Miguel de Allende save him and his family from the Hollocast? I mistranslated the Arca de Noe, imagining Arcade of Noe when the correct translation was Noah's Arch. Sketching the building caused me to really look at the details of the building with more than a curious passing glance.

Two years in a row I decided to do aerial views of San Miguel de Allende. These drawings took me over 2 hours to complete and include many accurate details. I even counted the number of sheets and blue jeans on clothes lines. I noticed an actual life size chess and/or checker board on a roof top.

One of my favorite experiences this summer was drawing the newly refurbished Bellas Artes building. The office staff was very accommodating even lending me a chair. I started the drawing with the fountain, using it as a measurement for the first and second floors, and dome. A guard quietly watched me draw. Another pointed out the steps on the side of the dome. I miscalculated my drawing as I didn't leave room for the entire dome. An elder guard, bless his heart, simply offered the advice, "Miss, why don't you use bigger paper?" The scene intrigued me and I returned later to do it again. It took two tries before I completed the drawing in this book. The guards and office staff were starting to know me quite well.

I have meet some very interesting people when I draw at markets. Art is a natural magnet and good conversation starter.

El tráfico peatonal y de vehículos pueden ser una distracción cuando dibujas exteriores, por lo tanto dibujo temprano en el día. La Casa del Inquisidor en la Calle Quebrada me tomó 4 horas para dibujar. Empecé con los tratamientos de las ventanas, utilizando el teleobjetivo de la cámara para ver los detalles arquitectónicos. Me pareció interesante descubrir que los trabajadores de la construcción estaban tan impresionados y maravillados con las uvas que los españoles habían traído a México en los años de 1700 que los tallaron alrededor de las ventanas de la planta superior. ¡Al principio pensé que eran piñas! Un hombre de la limpieza me vio dibujar cuando salió a pulir la puerta de madera. Intercambiamos miradas, "Oye, ¿puedo pasar y mirar?" Él me hizo señas de que pasará y dí un vistazo al interior con techos altos con vigas, escultura y antigüedades. Esto es lo que sucede cuando dibujas; se conoce a mucha gente.

Por tres veranos pasé por La Casa de Cohen, El Arca de Noe en Calle Relox número 12, y siempre noté la estrella de David y las tres cabezas de animales bajo las ventanas. Finalmente me senté y dibujé el edificio. Me preguntaba sobre la vida de Isaac Cohen, ¿Cómo fue que llegó a San Miguel de Allende, construyendo este edificio en el año 1930? ¿Acaso San Miguel de Allende los salvó a él y a su familia del Holocausto? Yo traducí mal el Arca de Noe, al imaginar Arcada de Noe cuando la traducción correcta era el Arca de Noé. Dibujar el edificio me hizo realmente ver los detalles del edificio con más que una mirada curiosa al pasar.

Por dos años seguidos decidí hacer vistas panorámicas de San Miguel de Allende. Estos dibujos me tomaron más de 2 horas para completar e incluir muchos detalles precisos. Incluso conté el número de sabanas y pantalones de mezclilla en los tendederos. Note un tablero de ajedrez y/o damas de tamaño real en una azotea.

Una de mis experiencias favoritas de este verano fue dibujar el edificio de Bellas Artes, el cual fue recientemente restaurado. El personal de la oficina fue muy servicial, incluso me prestaron una silla. Comencé el dibujo con la fuente, usándola como medida para el primer y segundo piso, y la cúpula. Un guardia me observó dibujando en silencio. Otro señaló los escalones al lado de la cúpula. Calculé mal mi dibujo ya que no dejé espacio para toda la cúpula. Un guardia de mayor edad, bendito sea, sólo ofreció el consejo, "Señorita, ¿por qué no utilizá una hoja más grande?" La escena me intrigó y volví después para hacerlo de nuevo. El dibujo en este libro me tomó dos intentos más. Los guardias y el personal de la oficina estaban empezando a conocerme bastante bien.

He conocido gente muy interesante cuando dibujo en los mercados. El arte es un imán natural y una buena manera de comenzar una conversación.

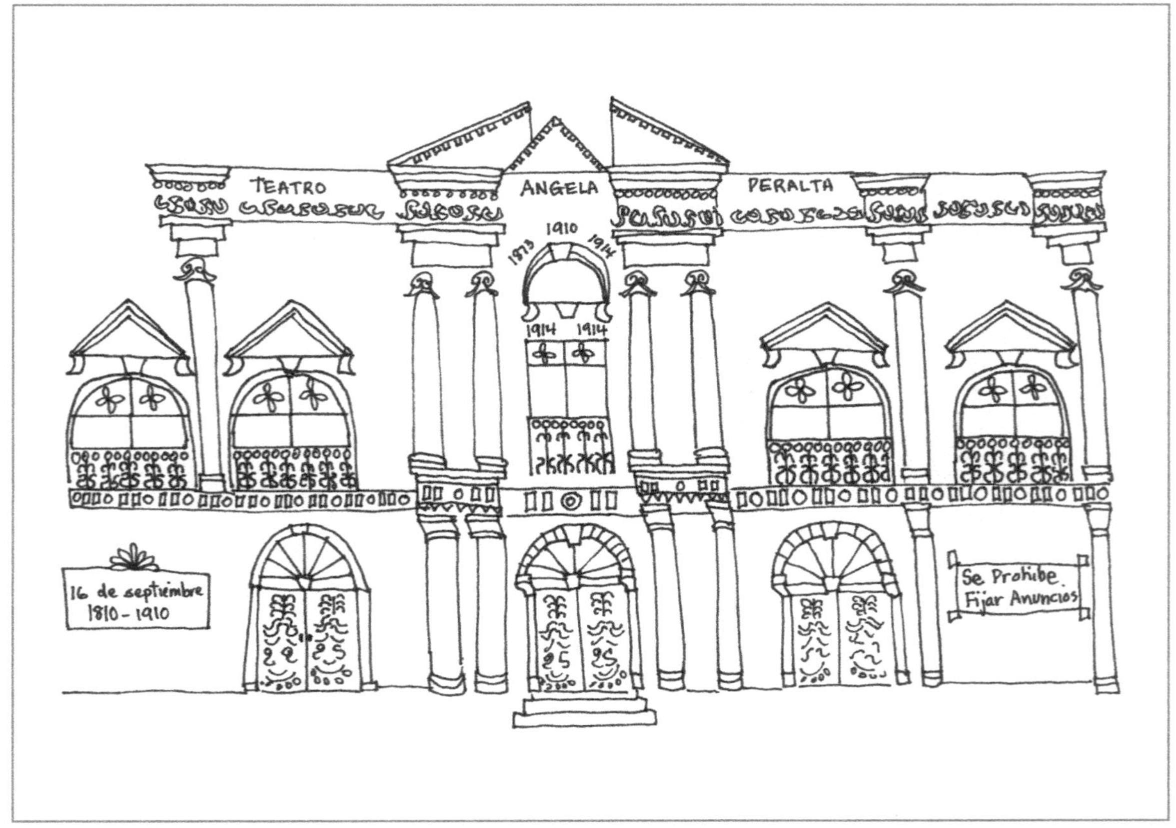

Teatro Angela Peralta

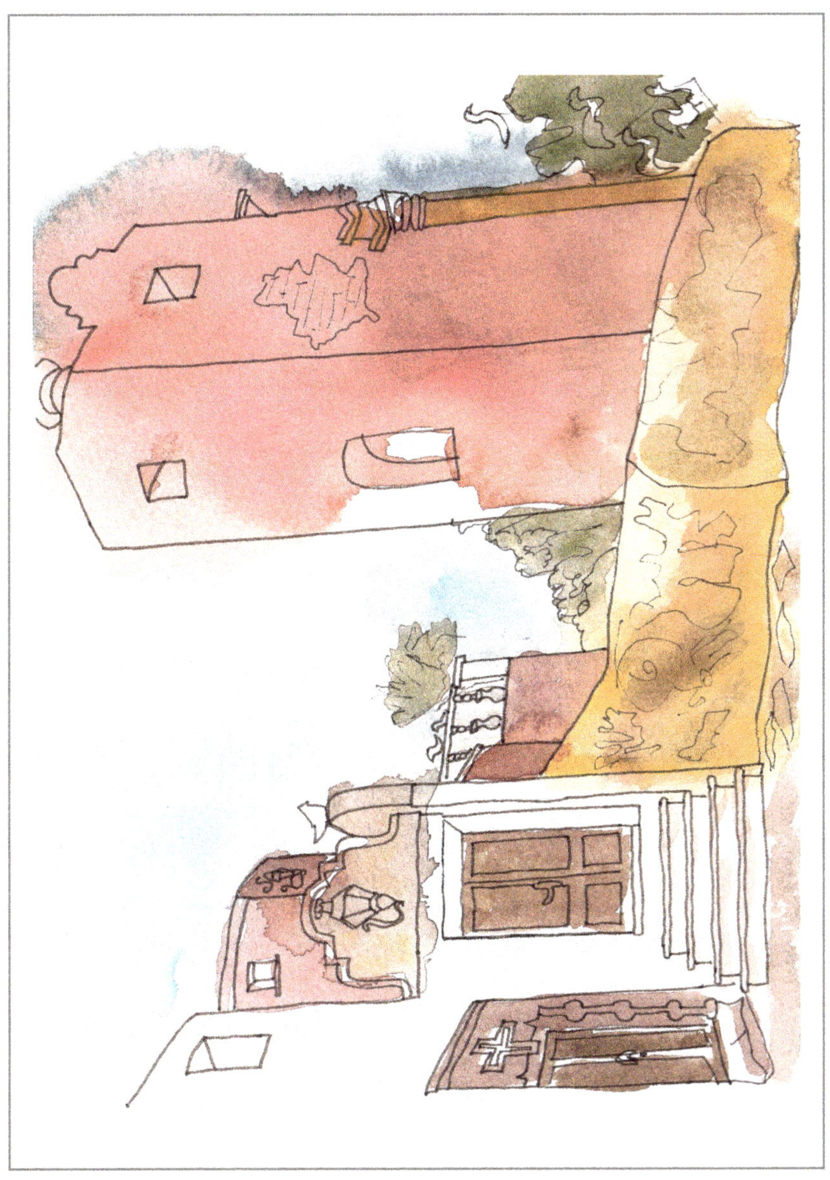

Torre en el Barrio del Chorro

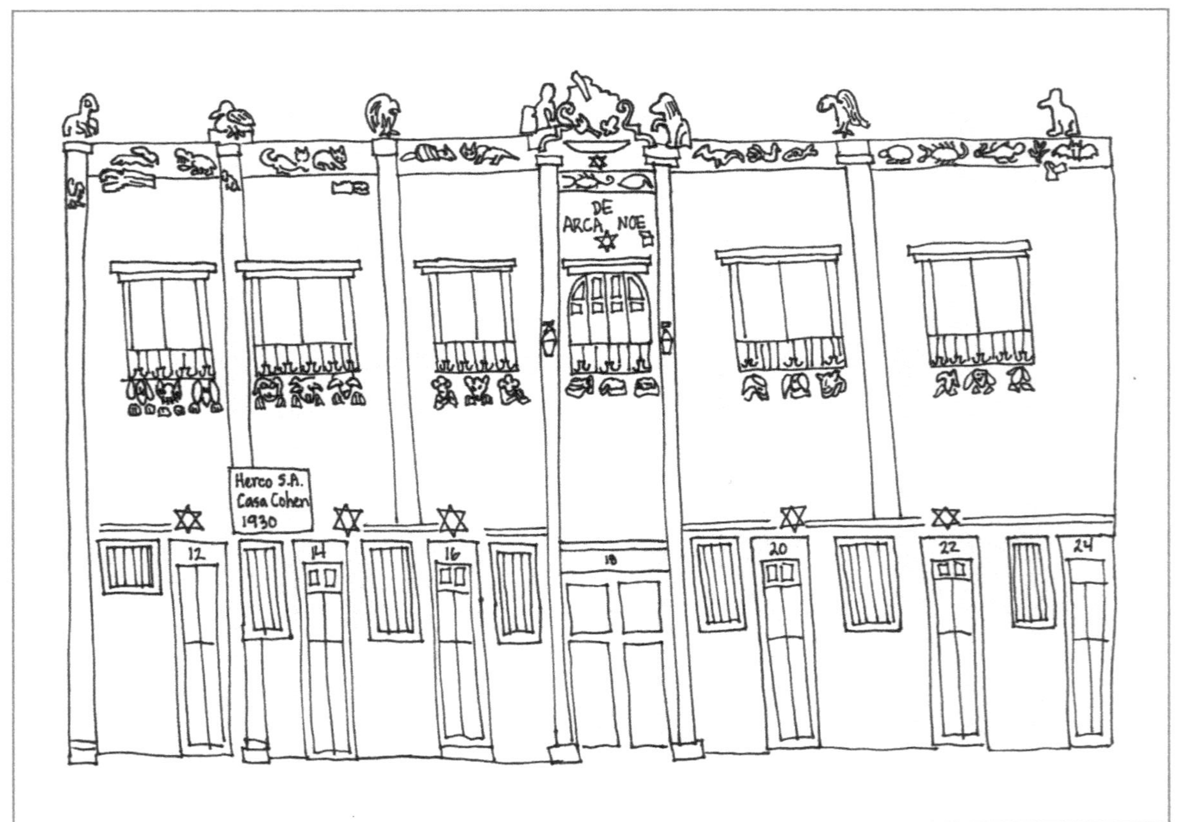

Casa Cohen

Casa de Sierra Nevada near Juarez Park

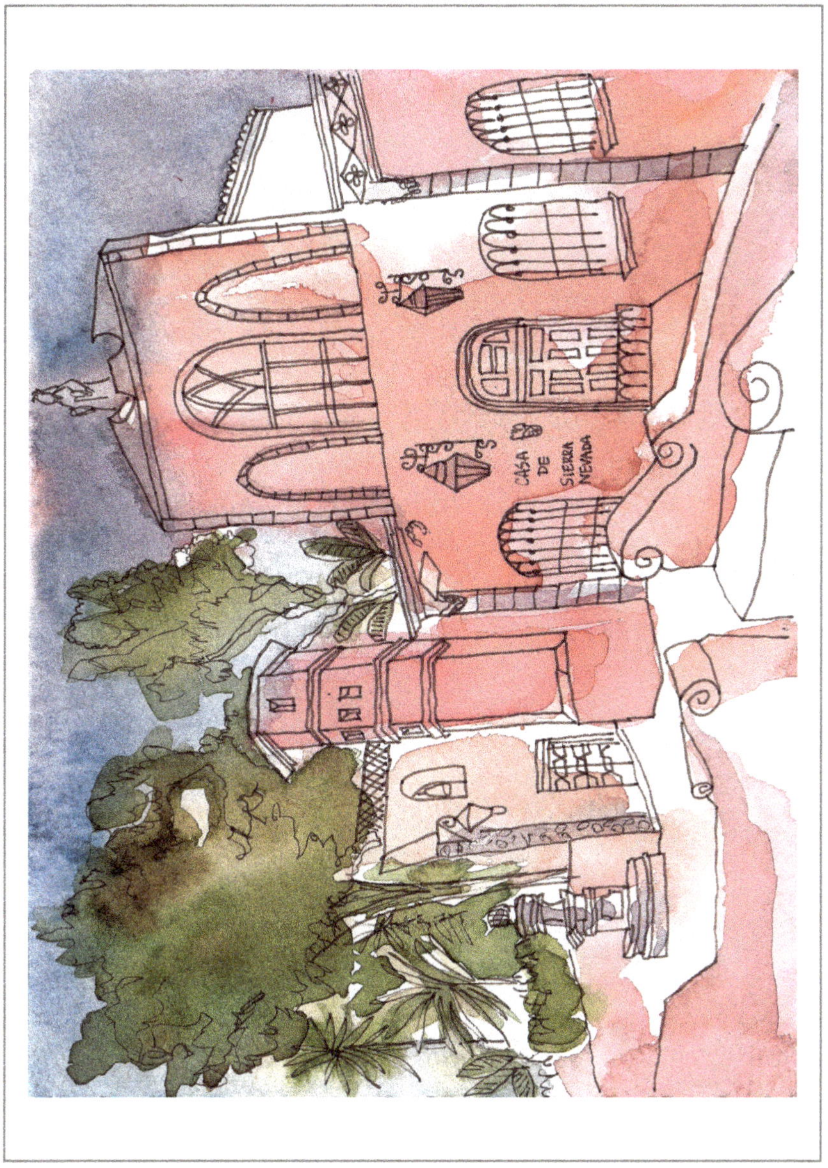

Casa de Sierra Nevada cerca del Parque Juárez

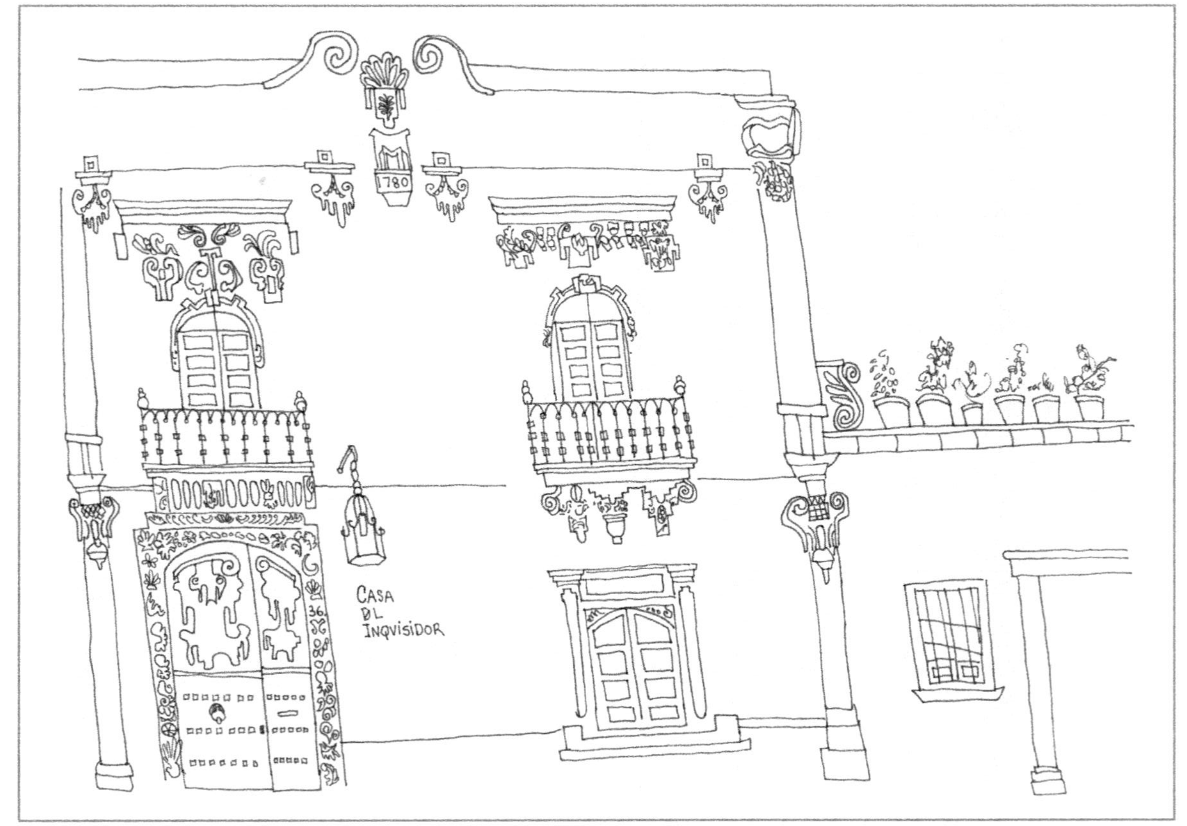

Casa del Inquisidor

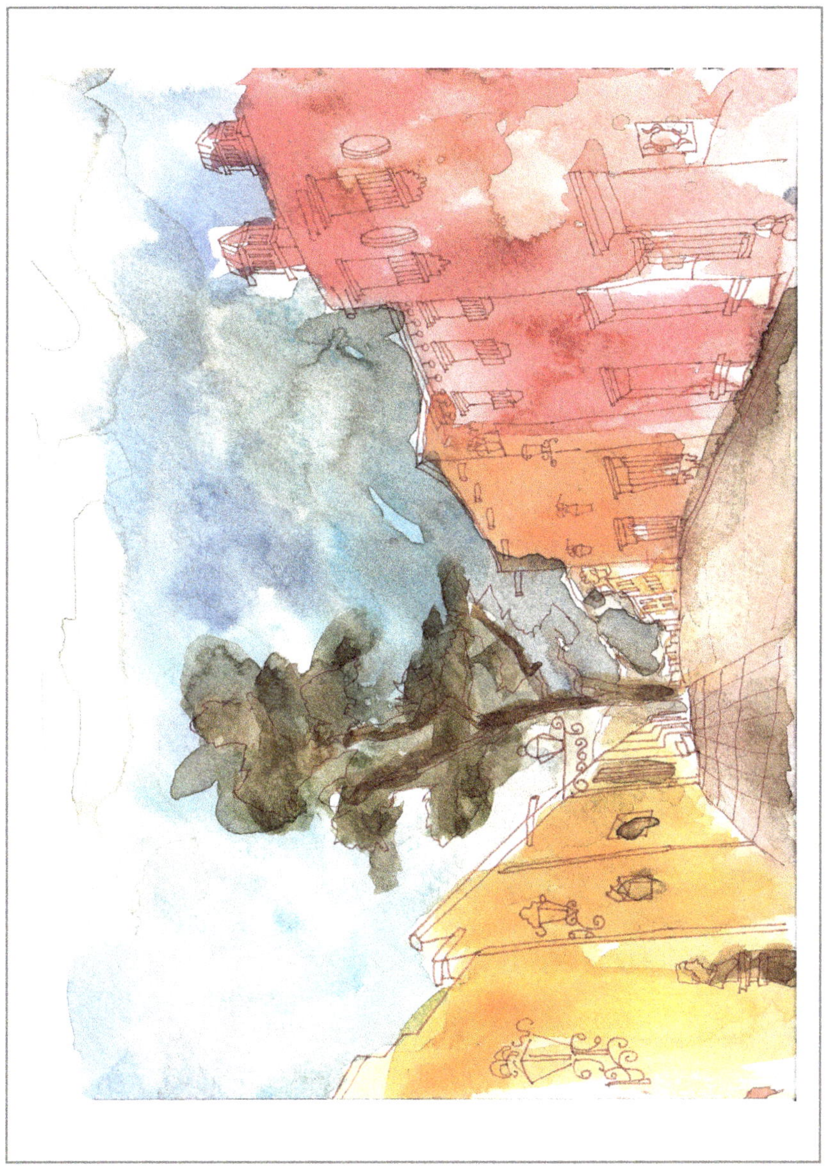

Calle Hernández Macías

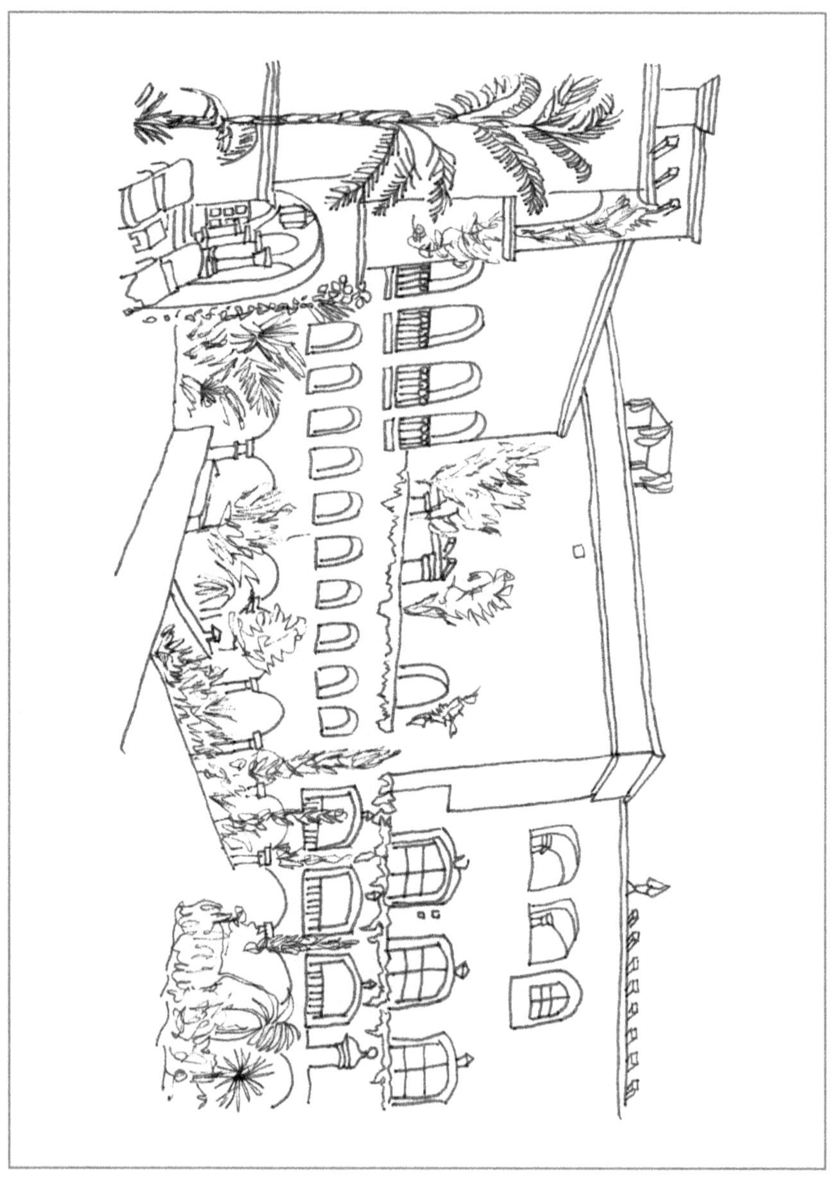

Hotel Rosewood

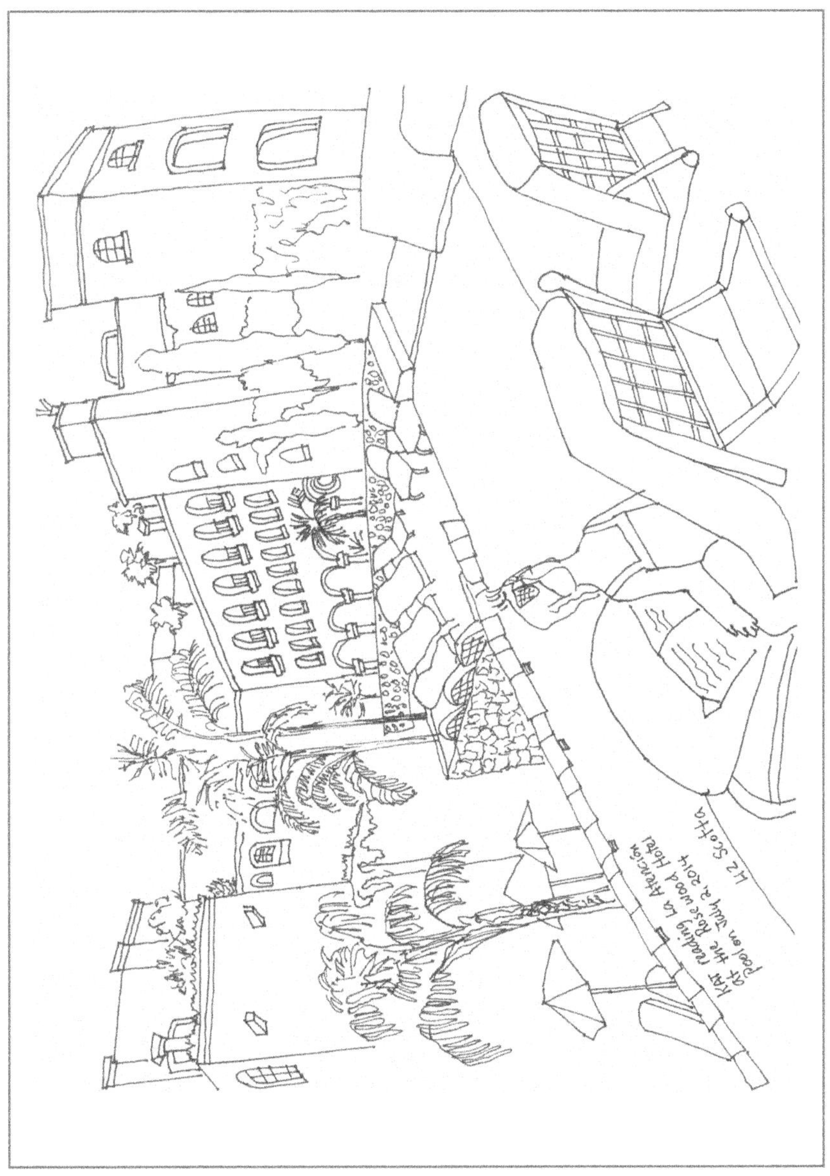

Piscina del Hotel Rosewood

Restaurants / Bars

Restaurantes / Bares

SIEMPRE
TUYO
Calle Correo   July 20, 2010
El Pegaso
Restaurant

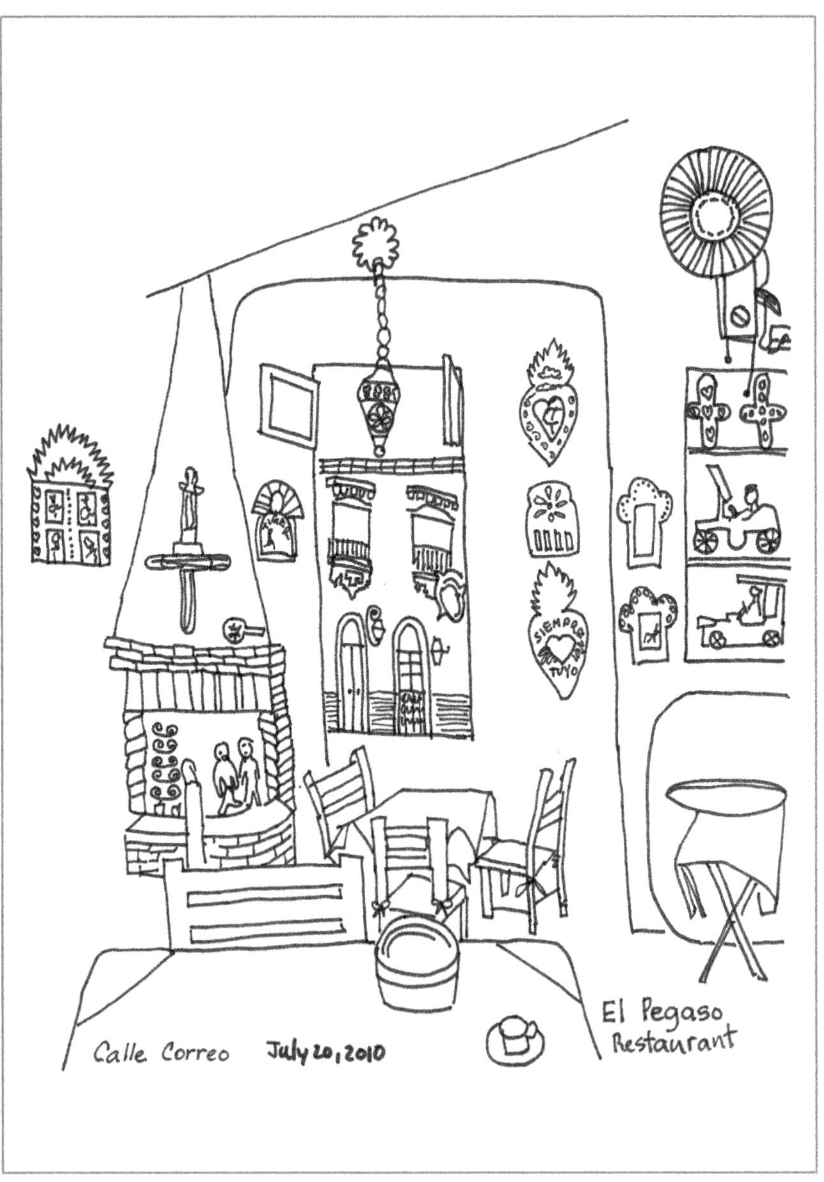

El Pegaso

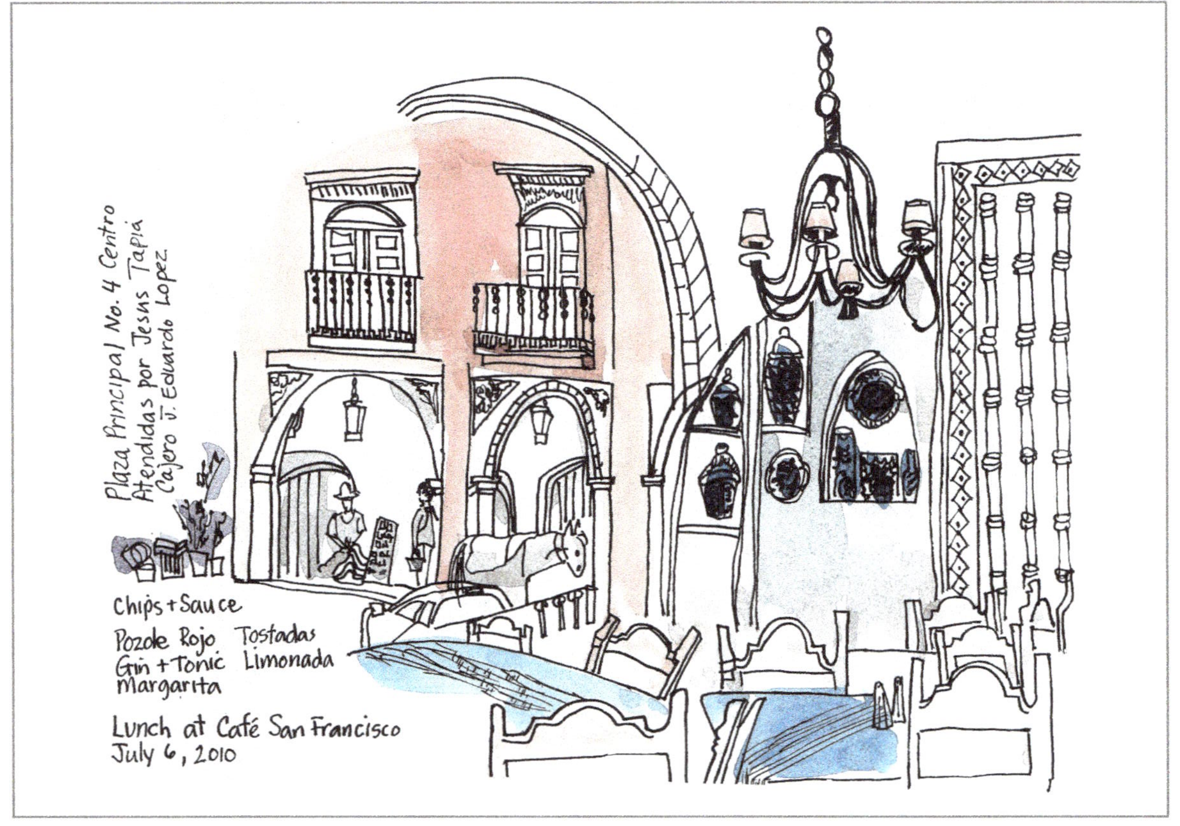
Plaza Principal No. 4 Centro
Atendidas por Jesus Tapia
Cajero J. Eduardo Lopez
Chips + Sauce
Pozole Rojo   Tostadas
Gin + Tonic   Limonada
Margarita
Lunch at Café San Francisco
July 6, 2010

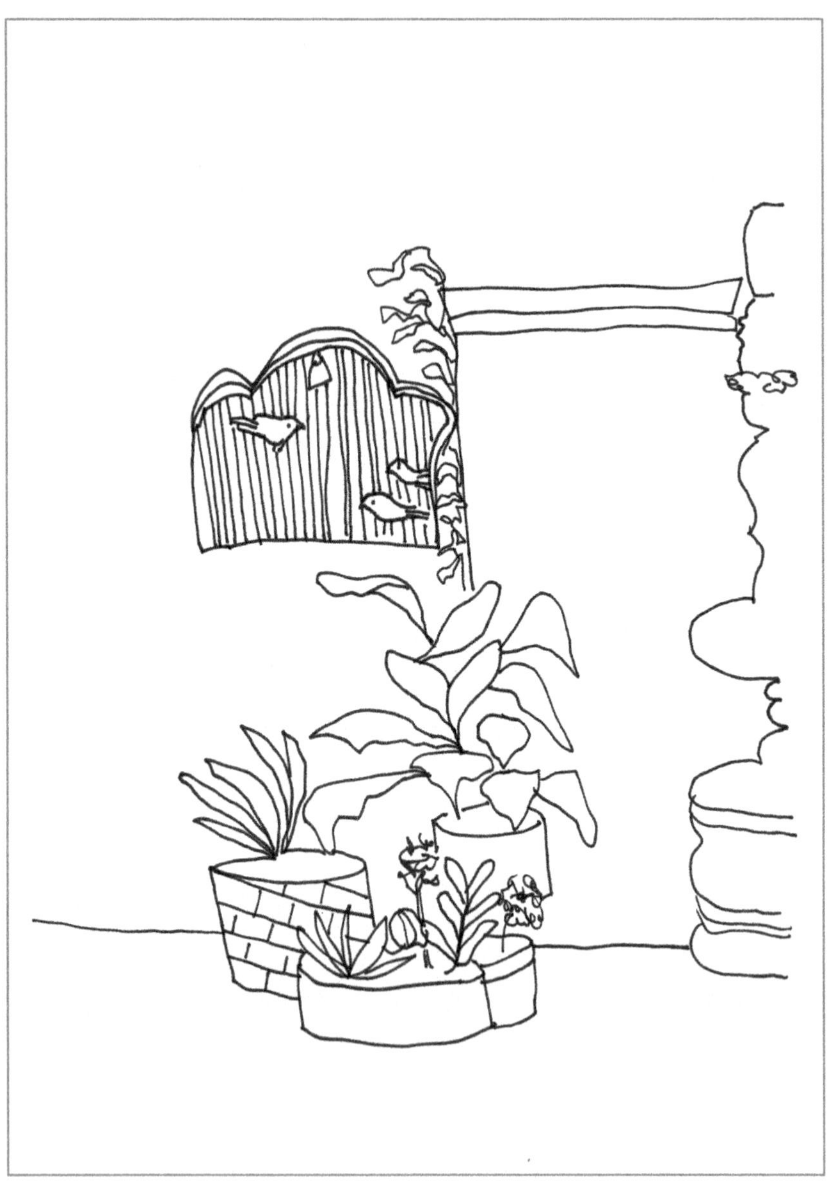

Café de la Parroquia

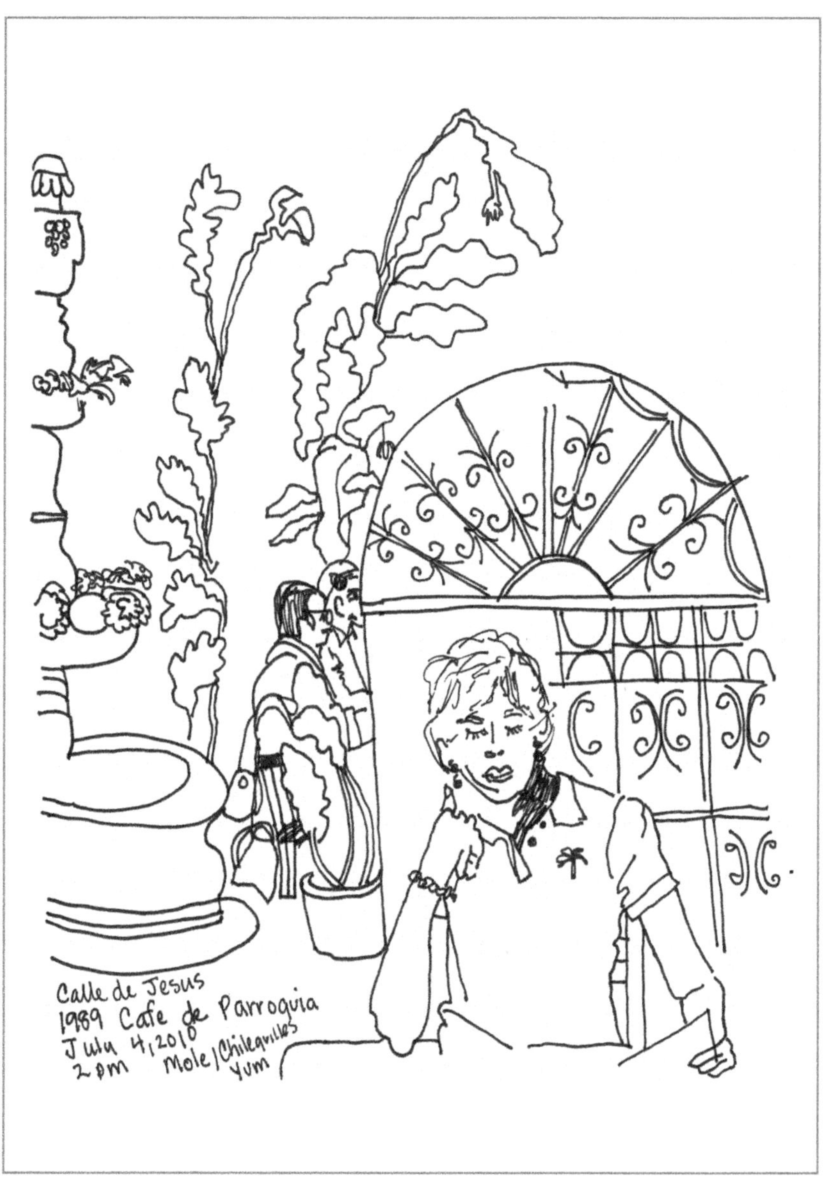

Café de la Parroquia

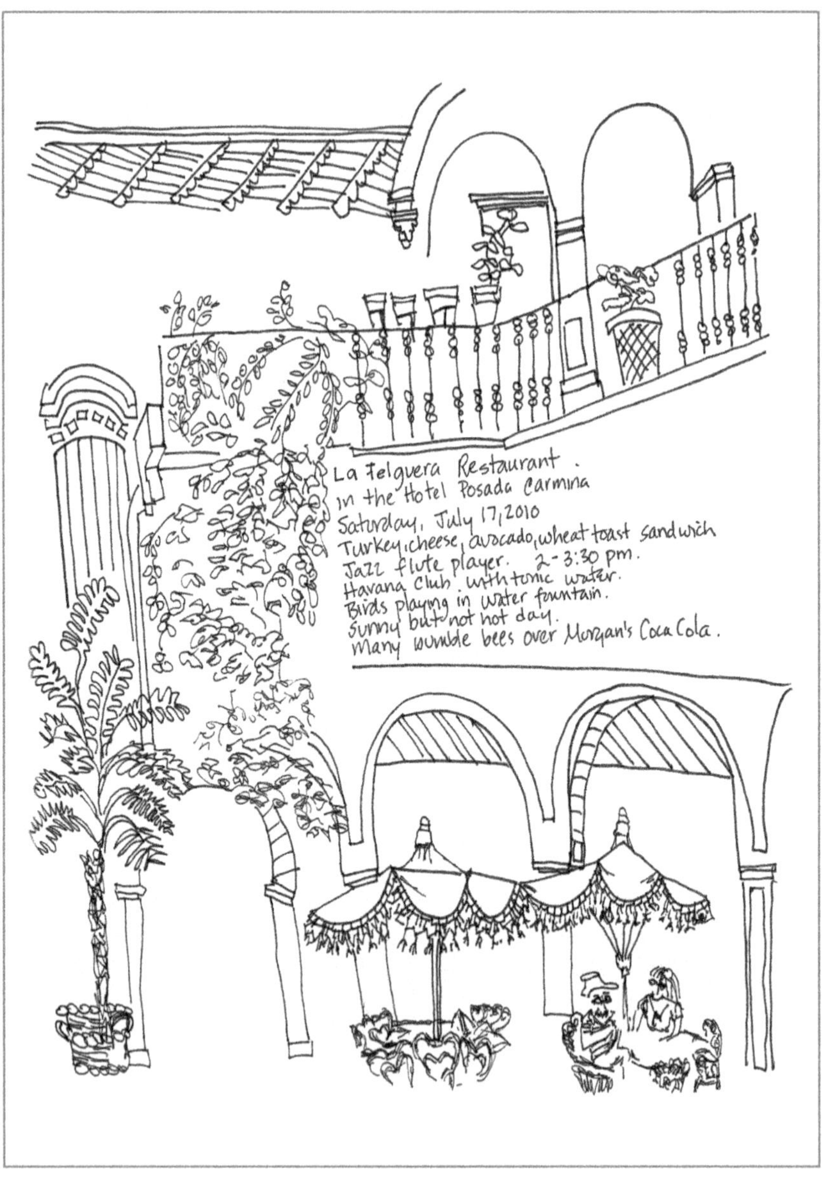
La Felguera Restaurant .
In the Hotel Posada Carmina
Saturday, July 17, 2010
Turkey, cheese, avocado, wheat toast sandwich
Jazz flute player.   2 - 3:30 pm.
Havana Club with tonic water.
Birds playing in water fountain.
Sunny but not hot day.
Many bumble bees over Morgan's Coca Cola .

La Felguera

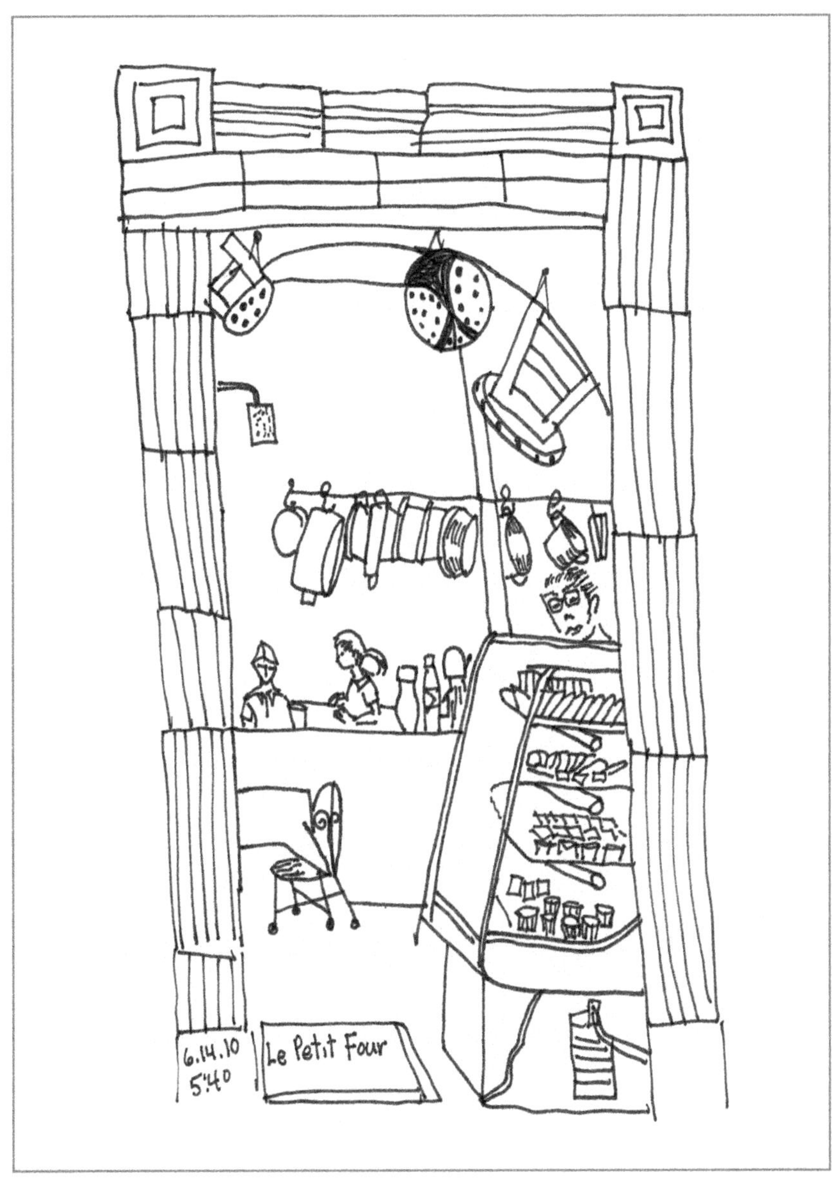

Le Petit Four

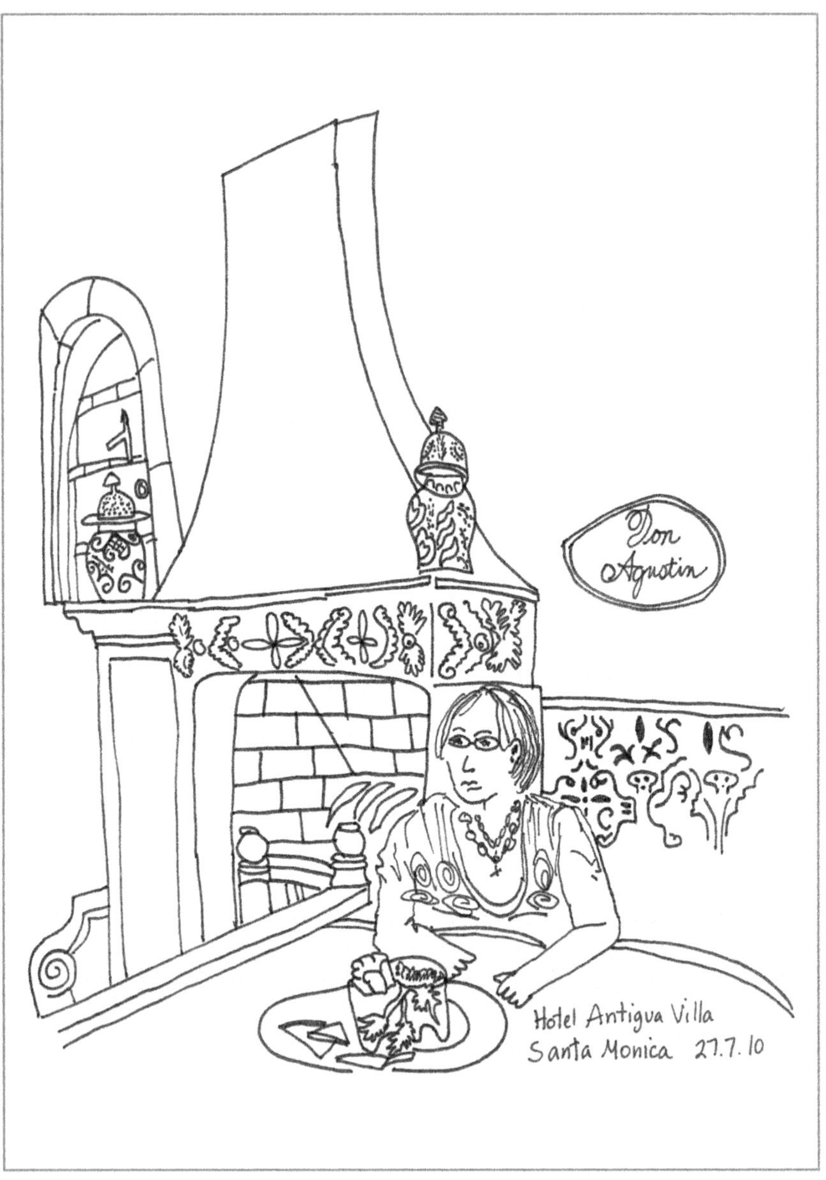

Hotel Antigua Villa de Santa Monica

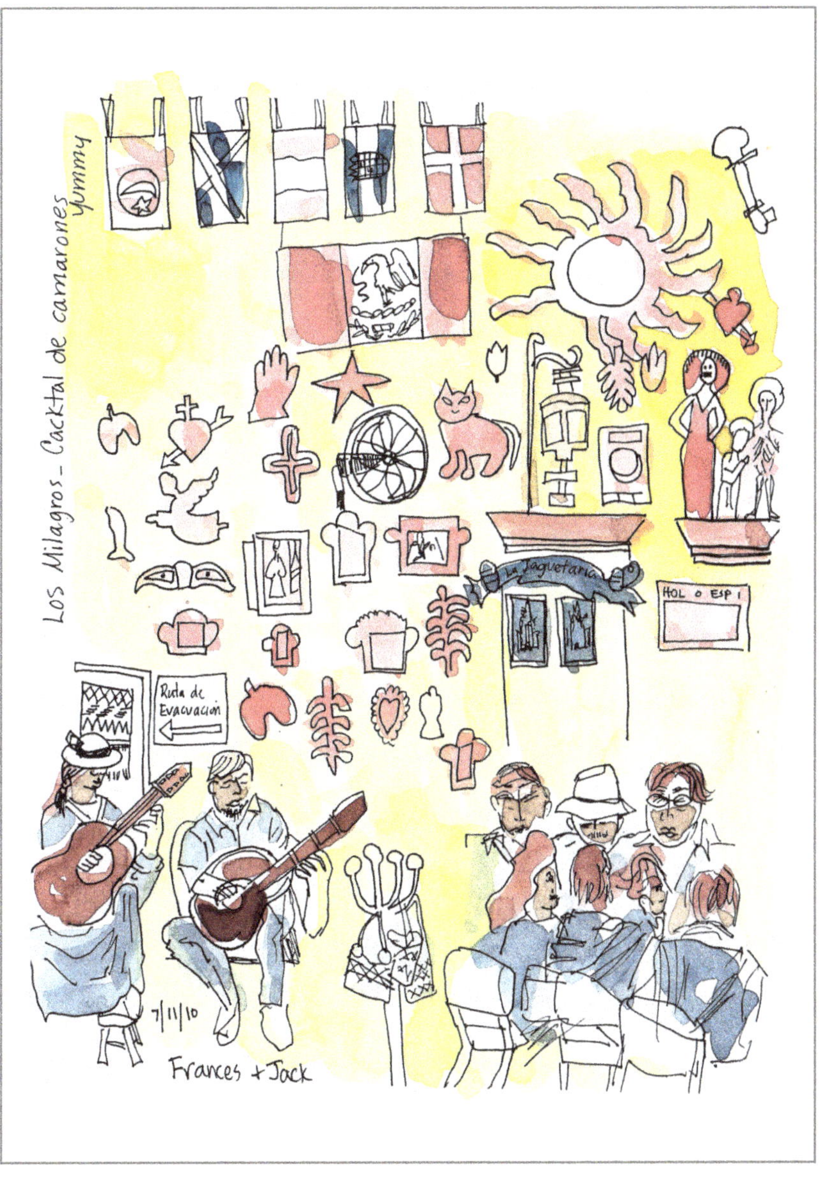
yummy
Los Milagros - Cacktal de camarones
Ruta de
Evacuación
La Jagueteria
HOL O ESP
7/11/10
Frances + Jack

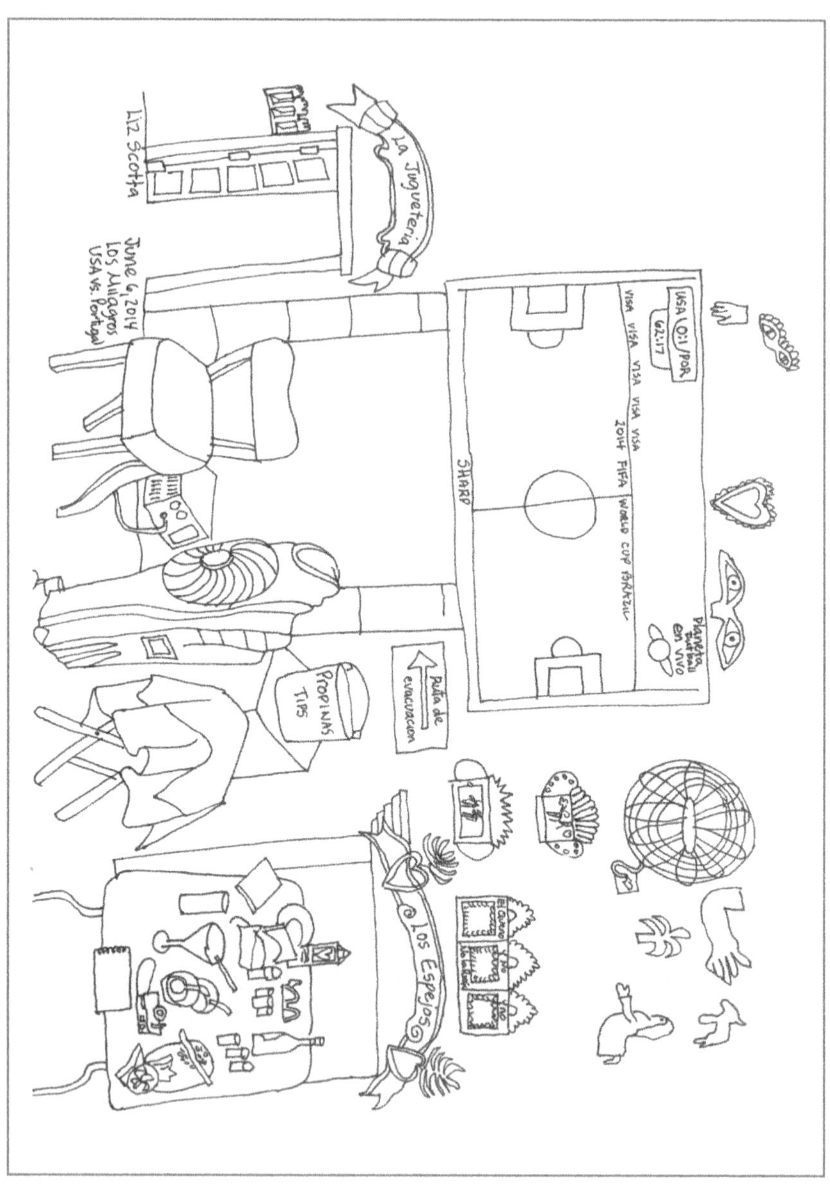

Los Milagros

CRO MEX
0 3
81:47
In the courtyard of
Mama Mia's
San Miguel de Allende GTO
CRO MEX
0 3
81:47
Liz Scotia
CROATIA MEXICO
CRO MEX
81:47 0:3
Corona EXTRA
3:00-5pm

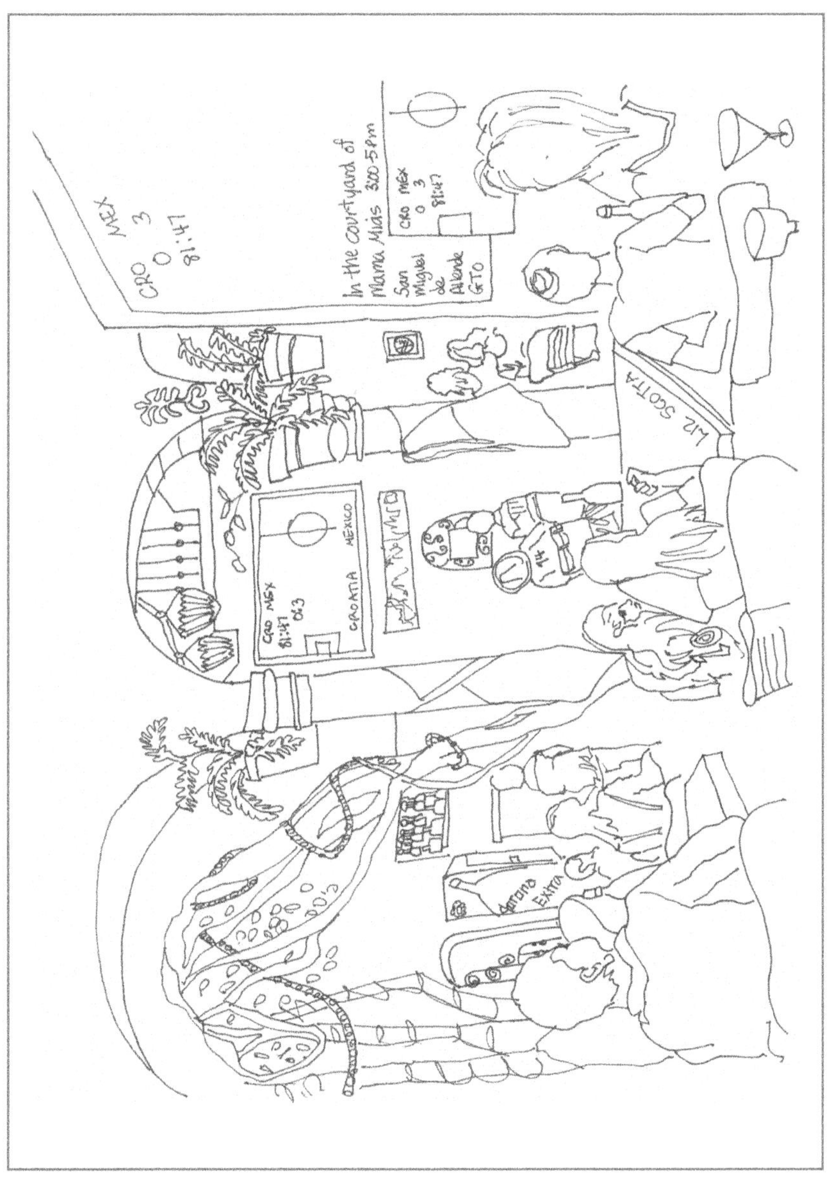

Mama Mia

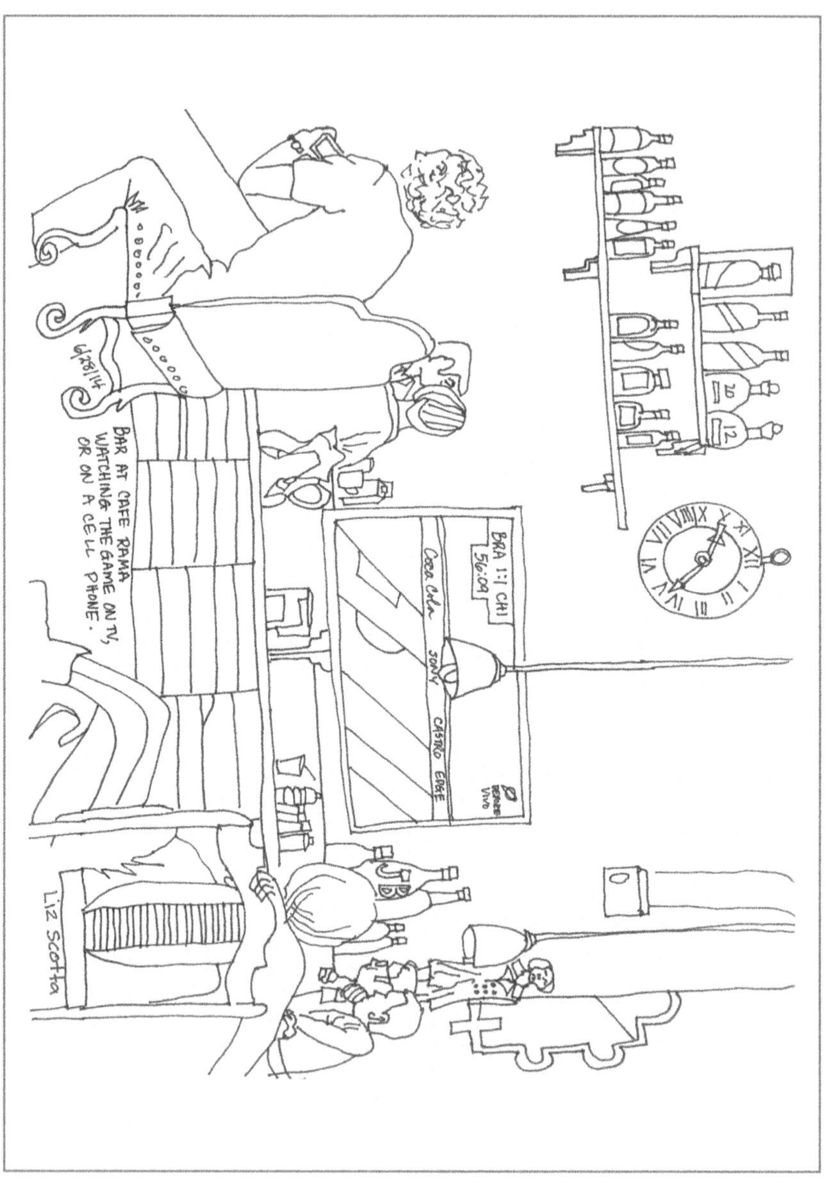

BAR AT CAFE RAMA WATCHING THE GAME ON TV, OR ON A CELL PHONE.
6/28/14
Liz Scotta
BRA 1:1 CHI
5:09
Coca Cola
SONY
CASTRO EDGE

Café Rama

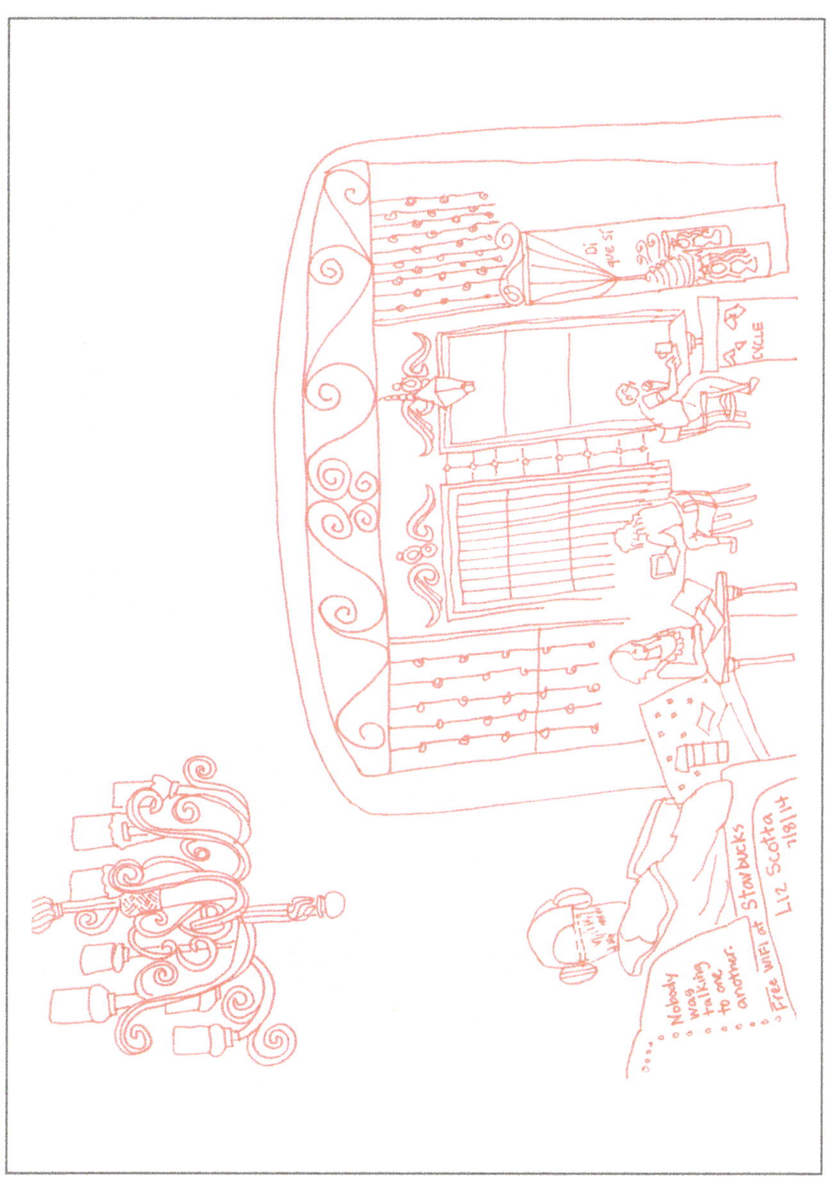
CYCLE
Nobody was talking to one another.
Free WiFi at Starbucks
Liz Scotta 7/8/14

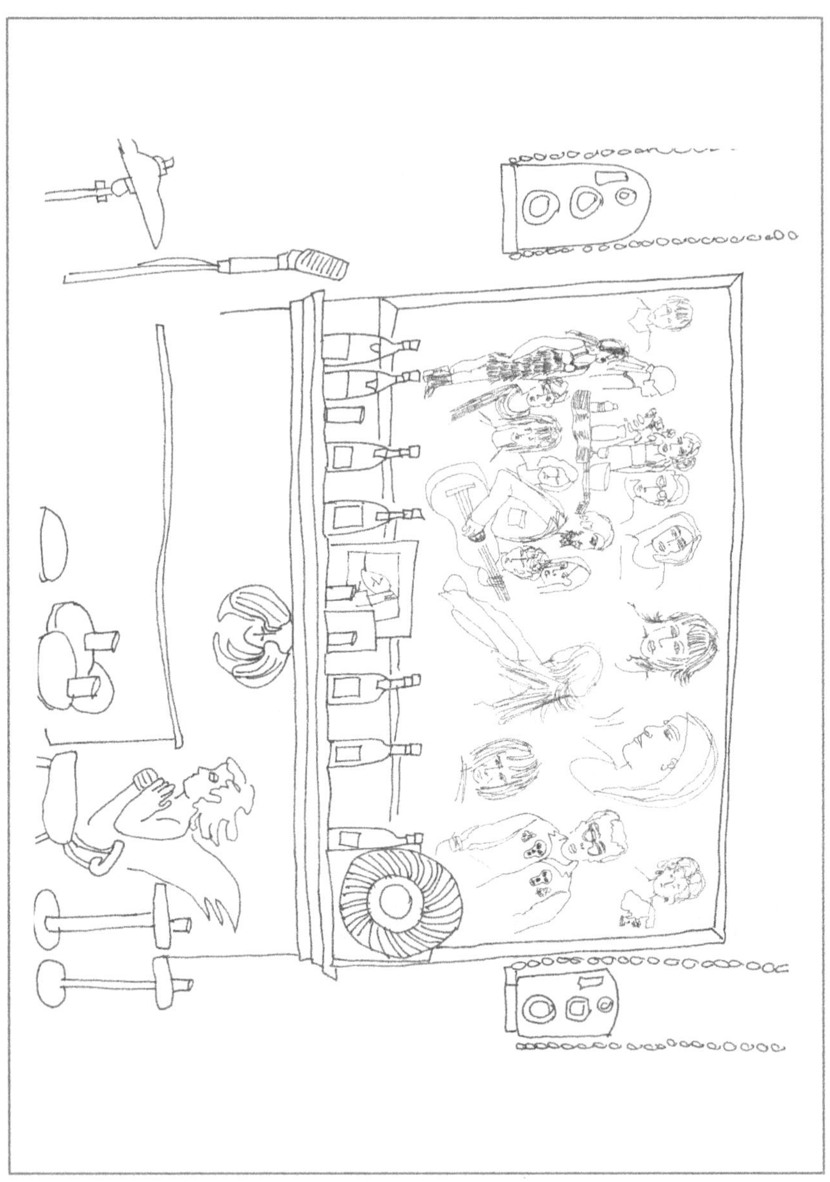

Piano Bar de Johnny

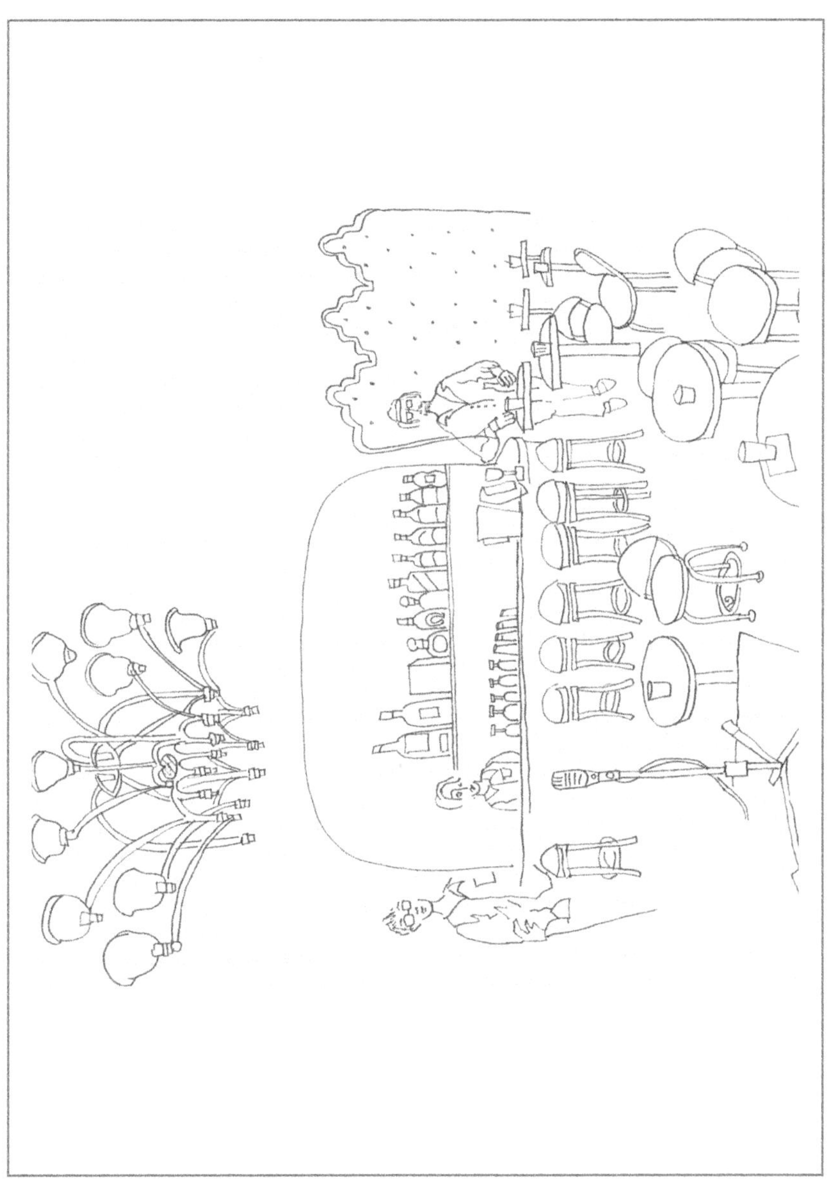

Johnny's Piano Bar
Piano Bar de Johnny

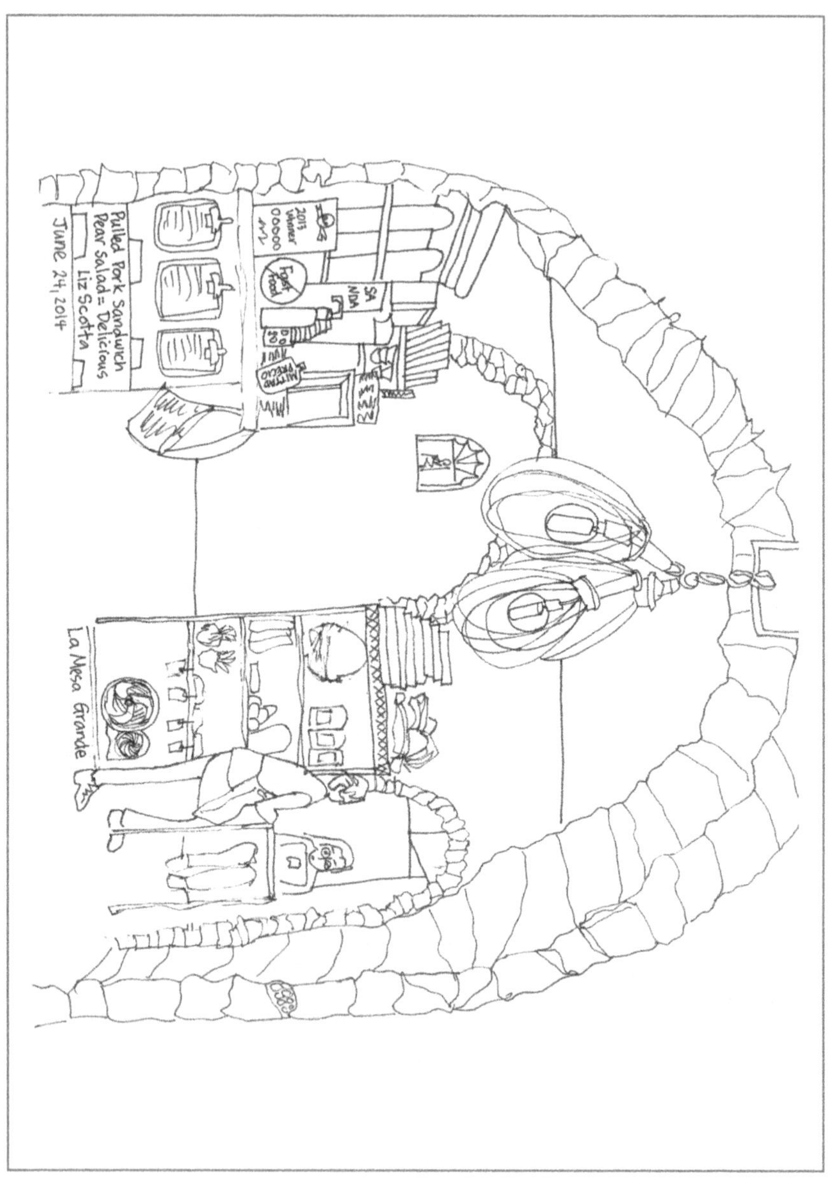

La Mesa Grande

Markets

Mercados

Tuesday Market

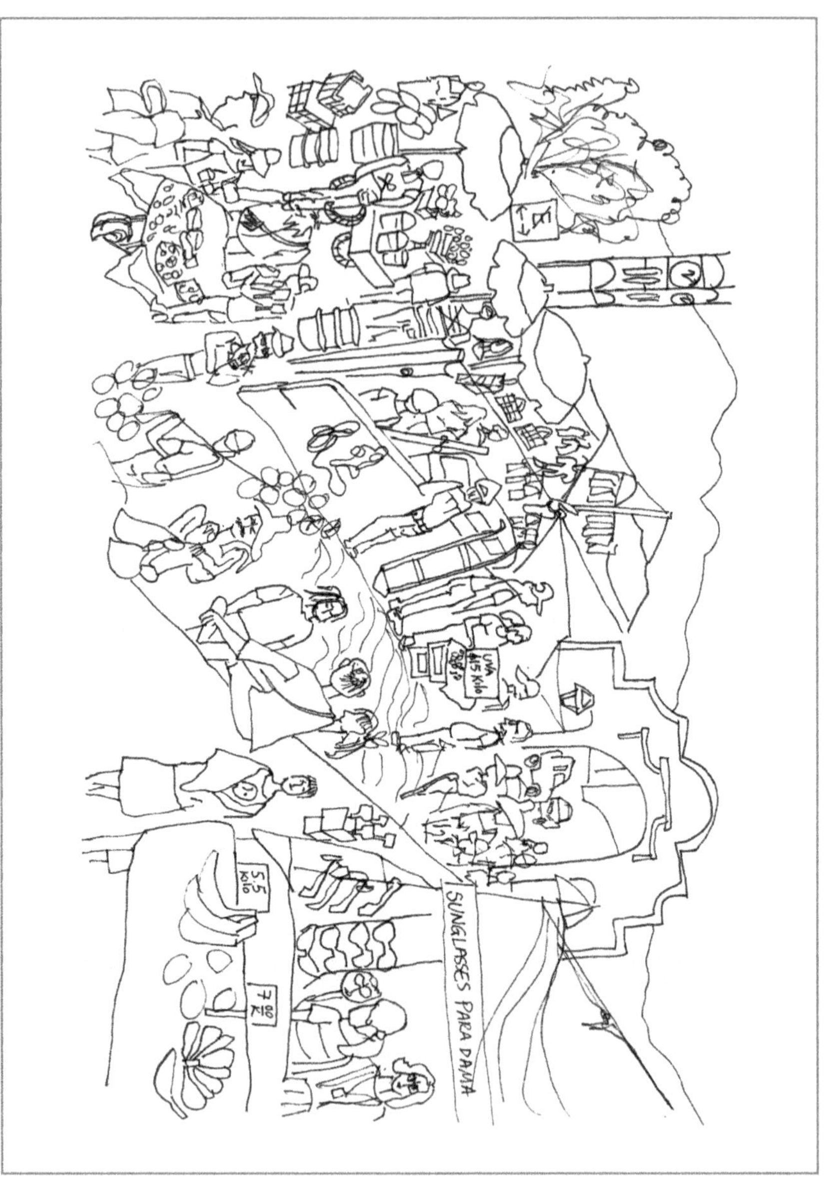

Tianguis de los martes

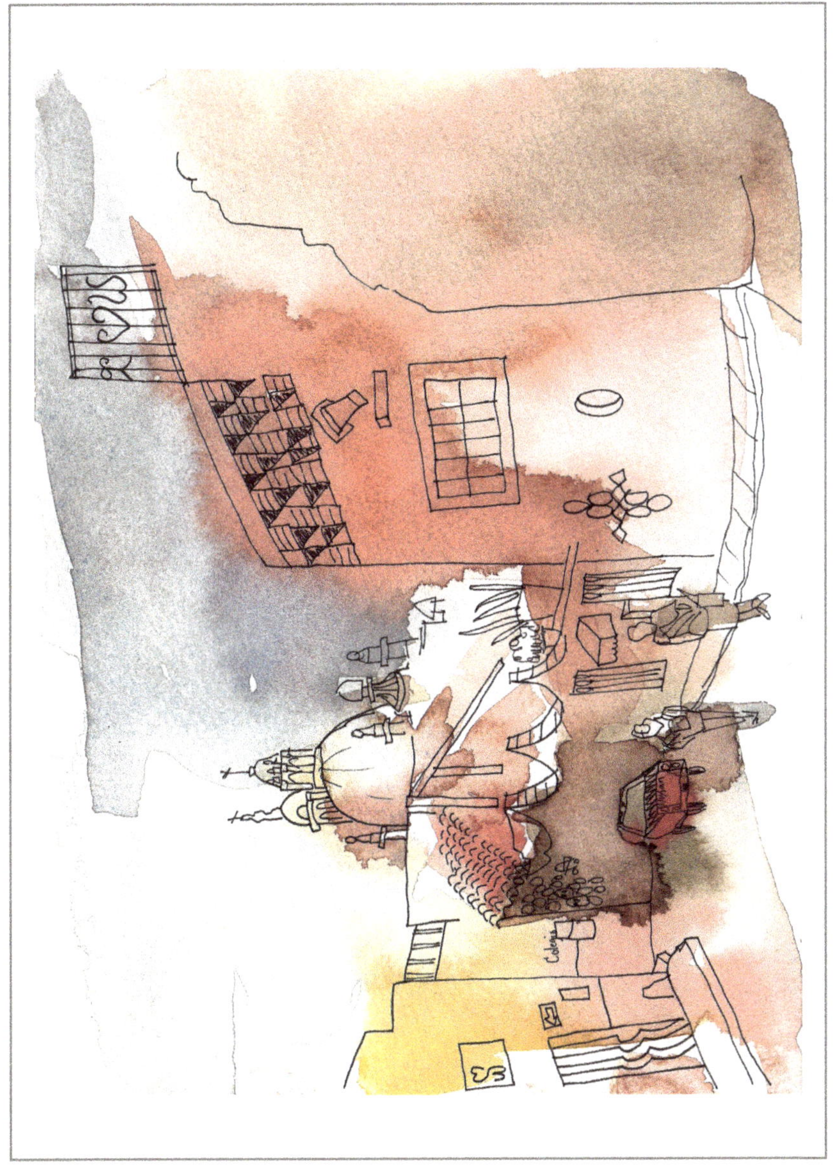

Entrada al mercado Ignacio Ramírez "El Nigromante"

Monthly Flea Market

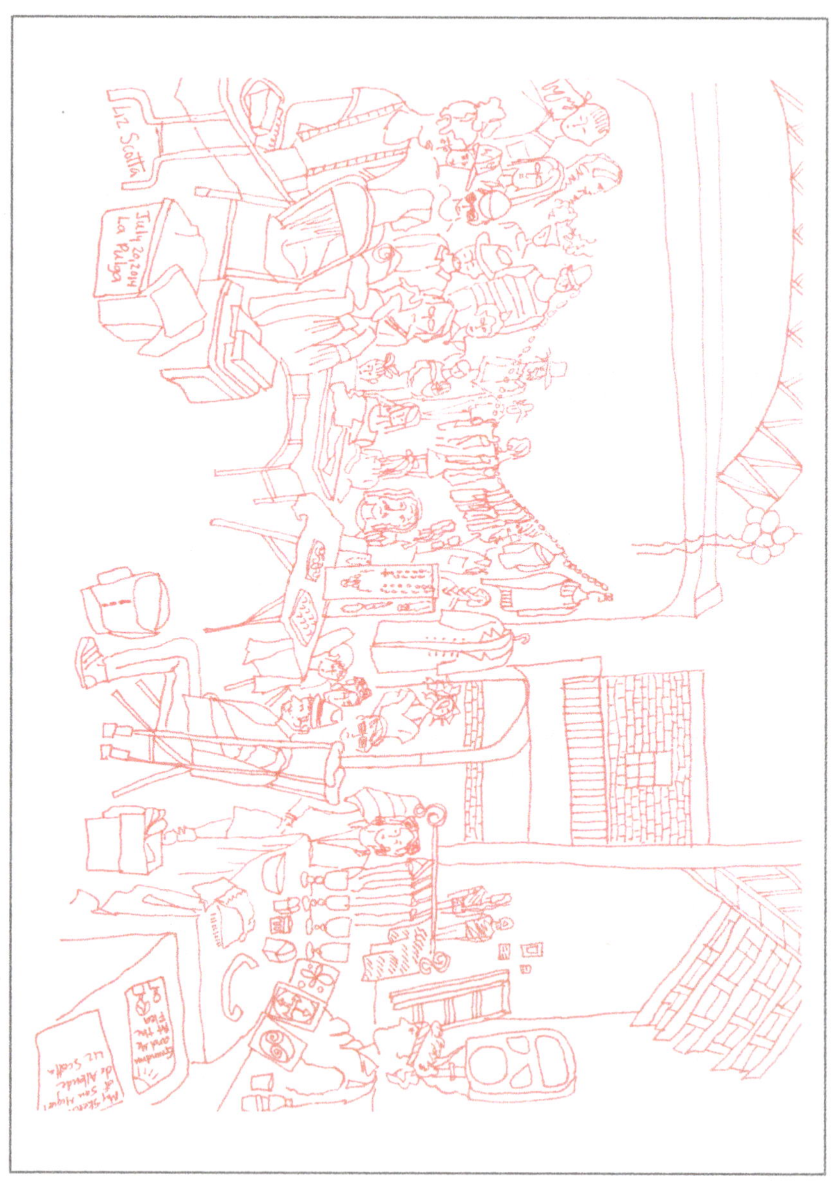

La Pulga

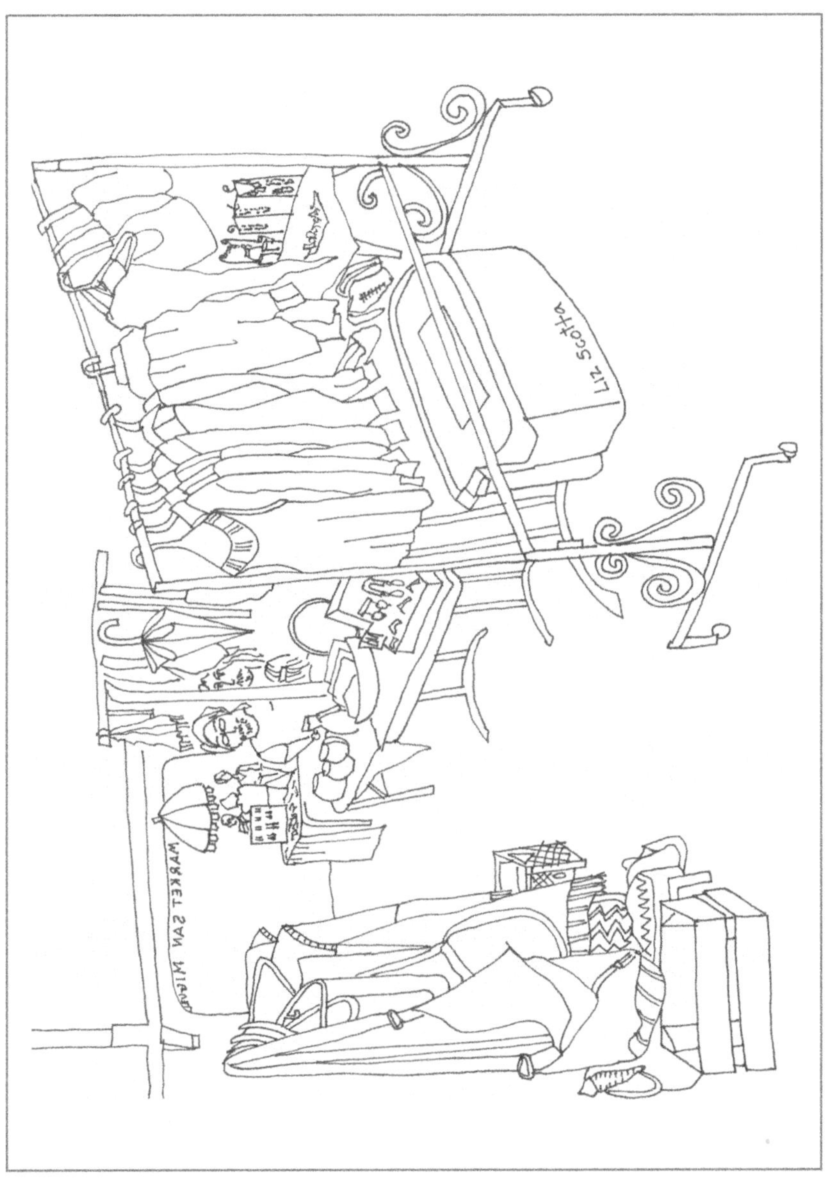

La Pulga

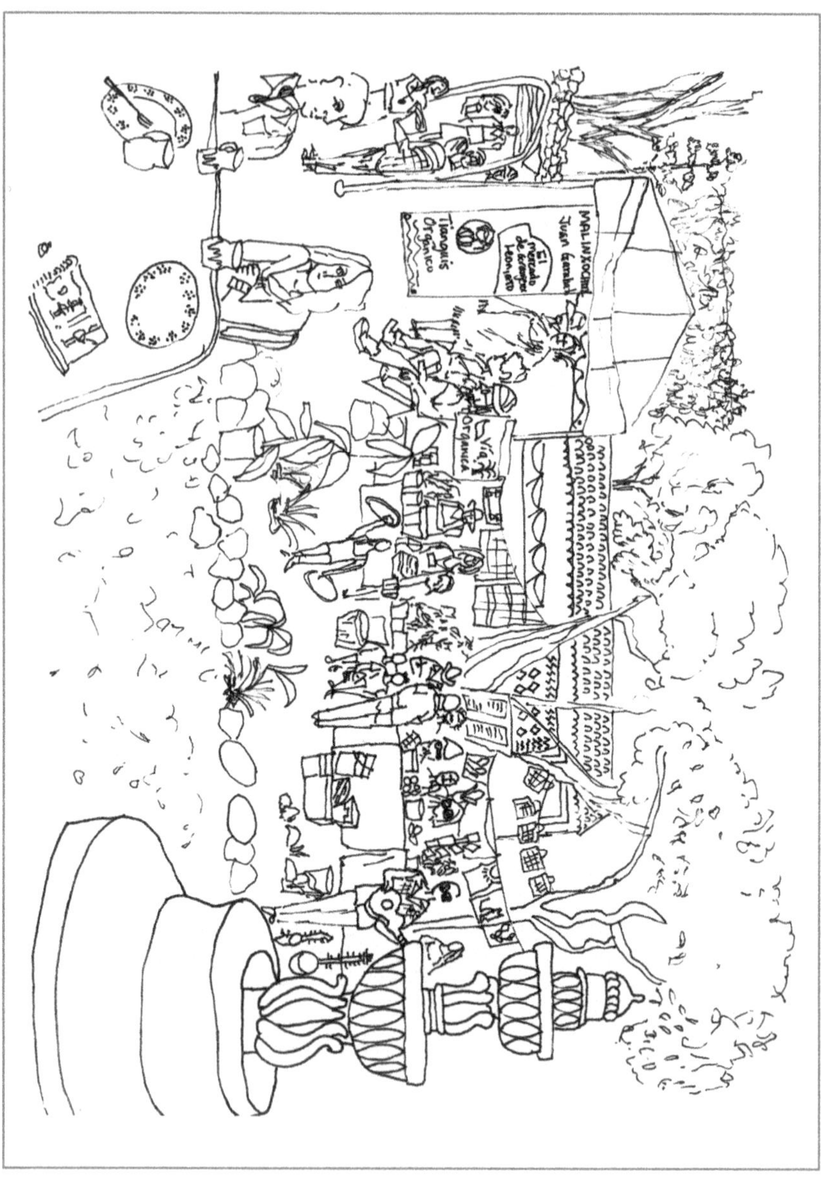

Mercado Orgánico de los sabados

Agundis Drugstore

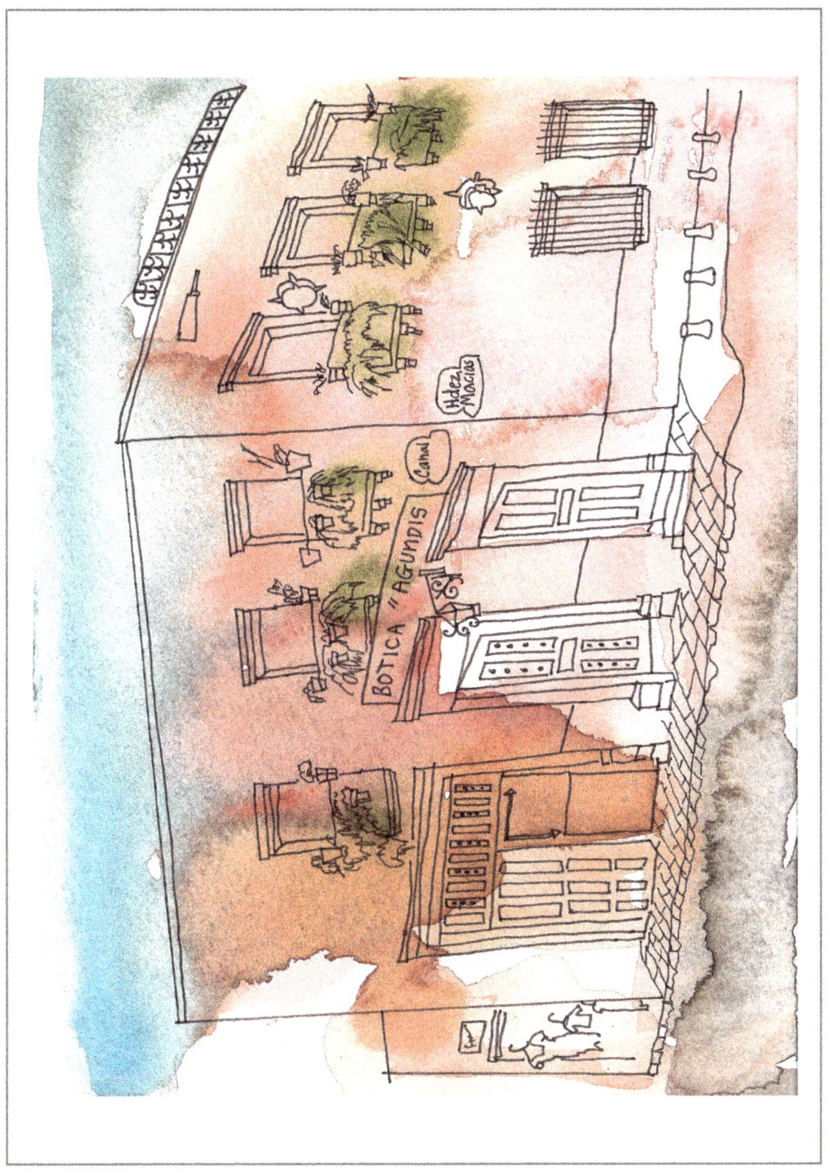

Botica Agundis

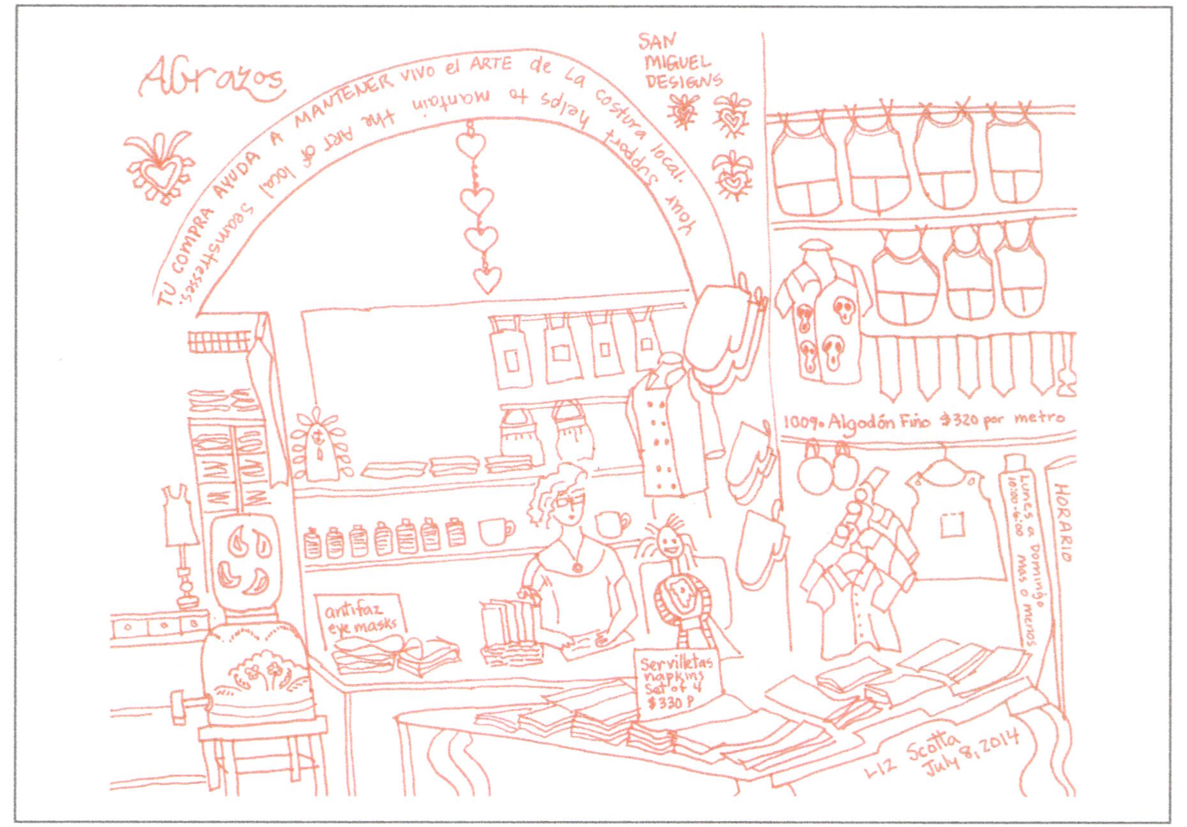
Abrazos
TU COMPRA AYUDA A MANTENER vivo el ARTE de la costura local.
Your support helps to maintain the Art of local Seamstresses.
SAN MIGUEL DESIGNS
antifaz eye masks
Servilletas napkins Set of 4 $330 P
100% Algodón Fino $320 por metro
HORARIO
Lunes a Domingo 10:00-6:00 Mas o menos
Liz Scotta July 8, 2014

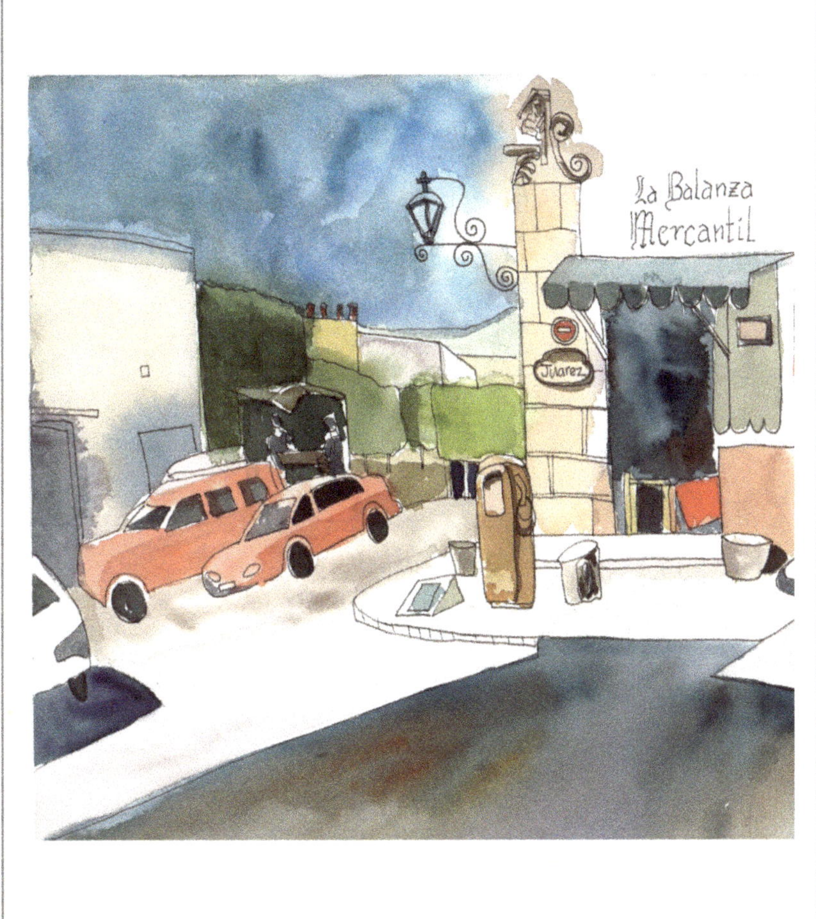

La Balanza Mercantíl

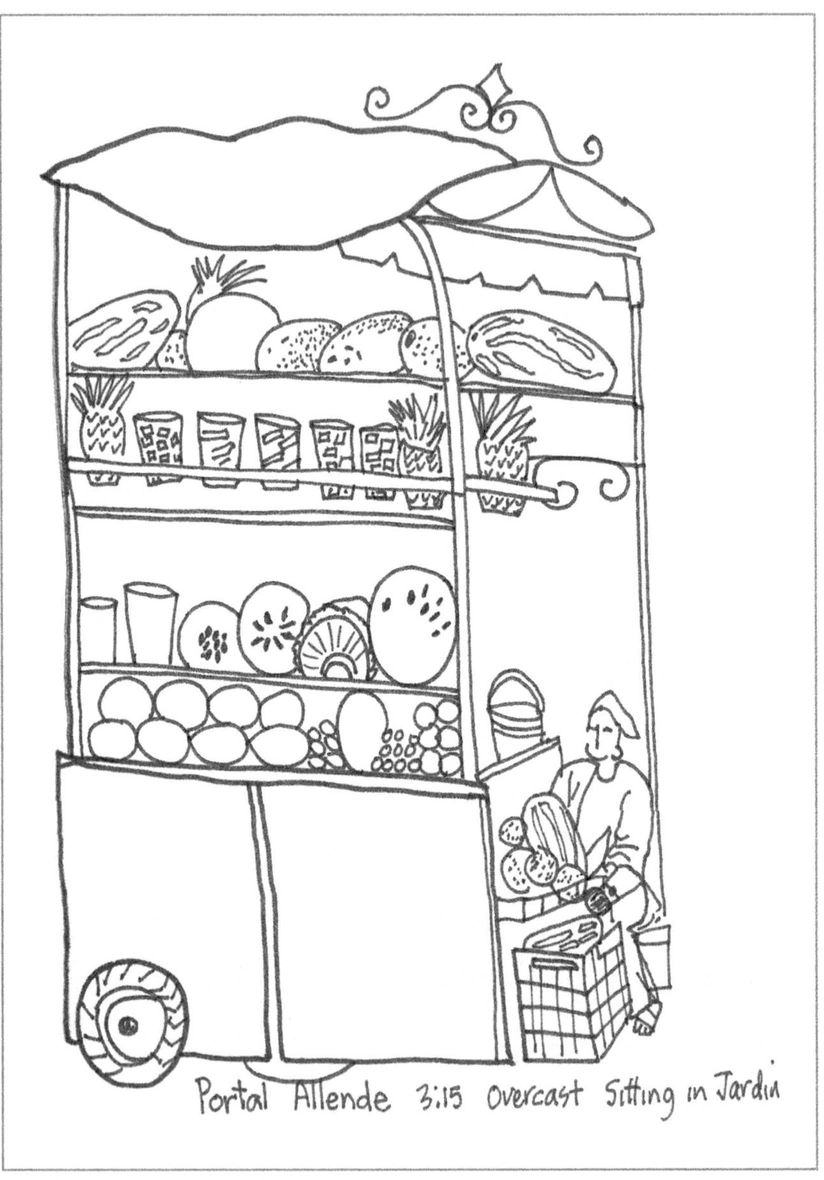

Puesto de frutas en el Portal Allende

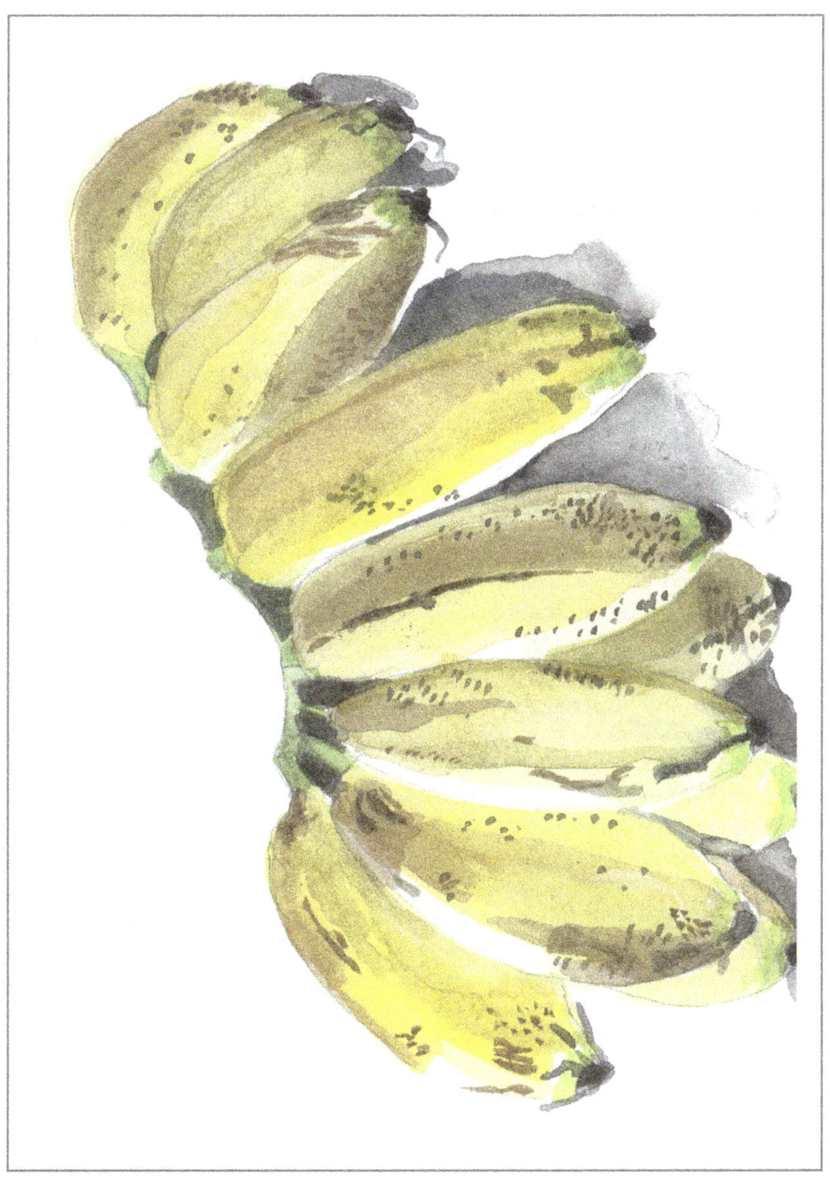

Plátanos

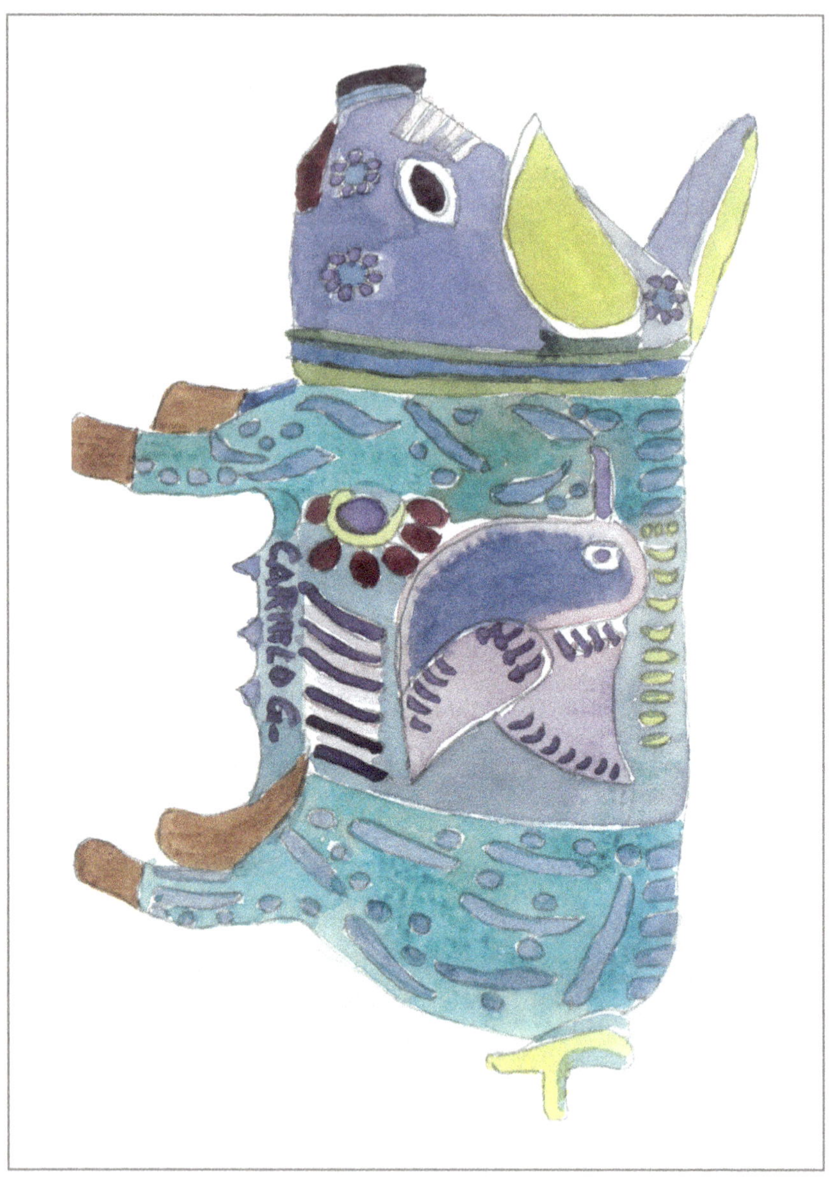

Artesanía de Carmelo

Schools

Escuelas

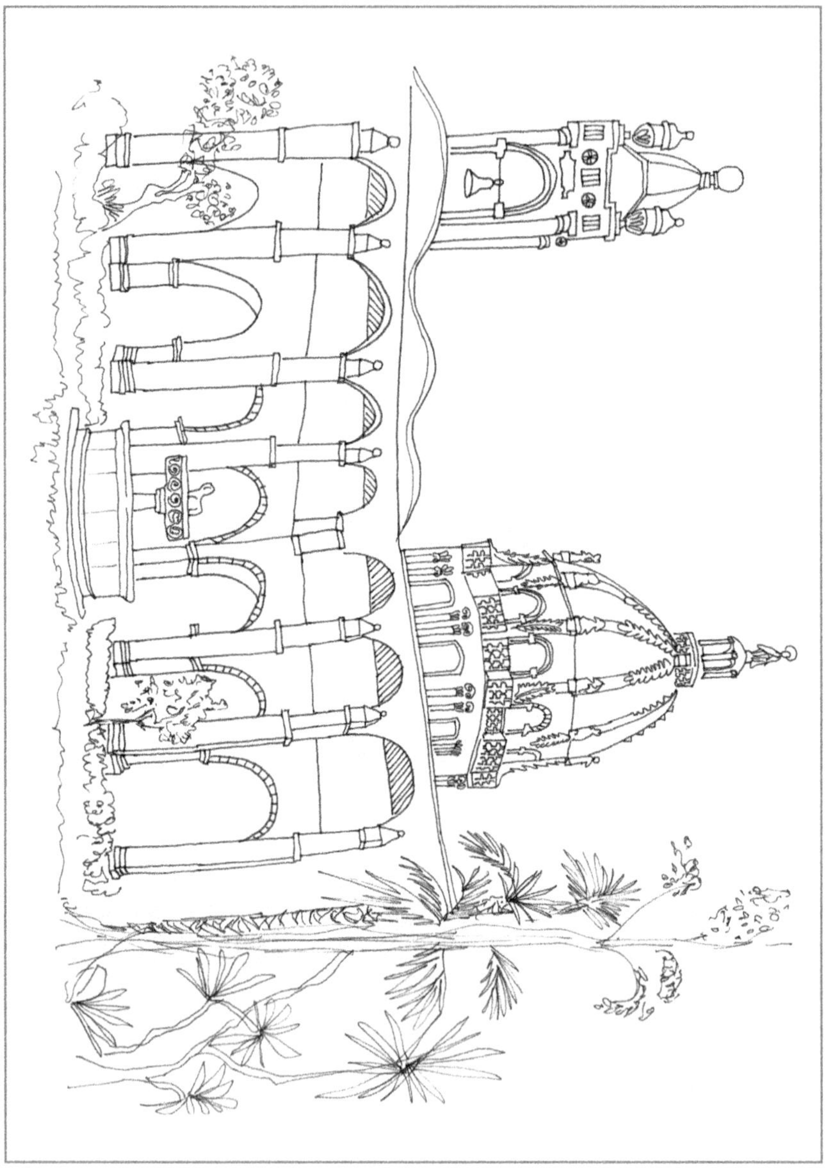

Centro Culturál Ignacio Ramírez "El Nigromante" - Bellas Artes

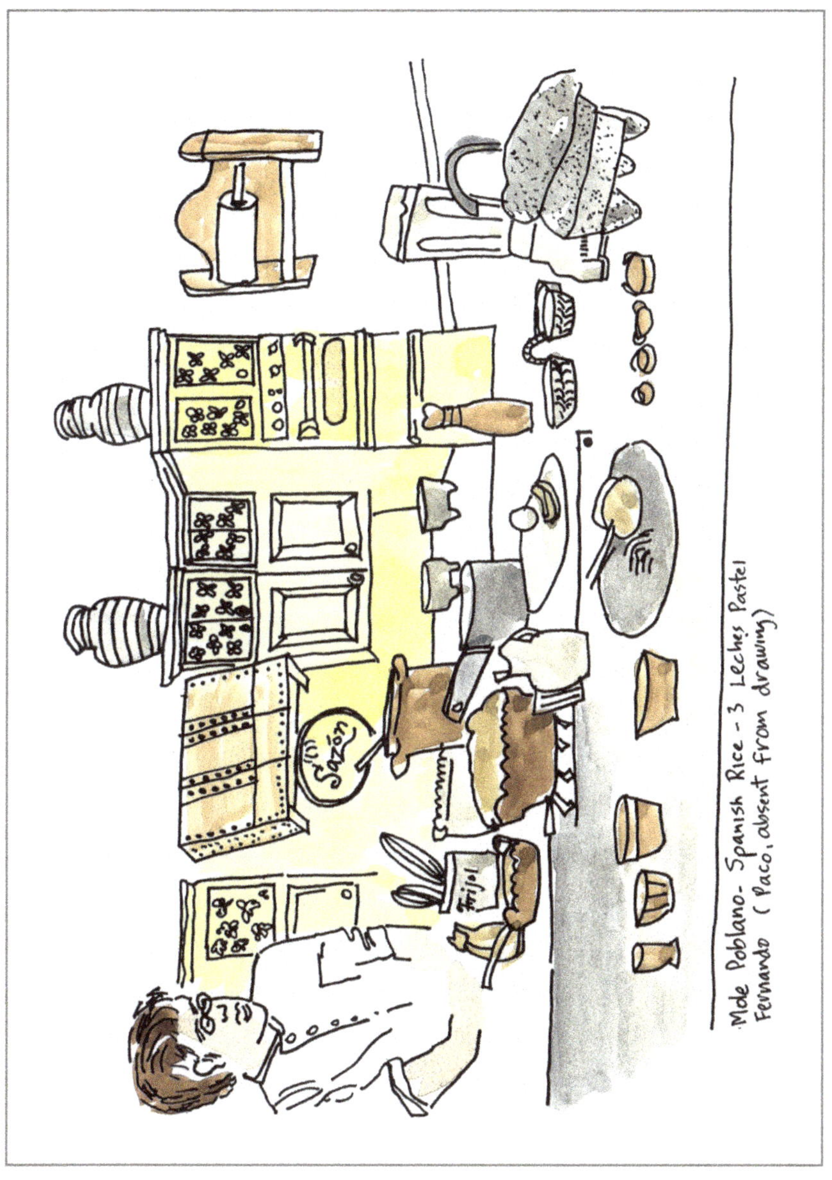

Escuela de cocina Sazón

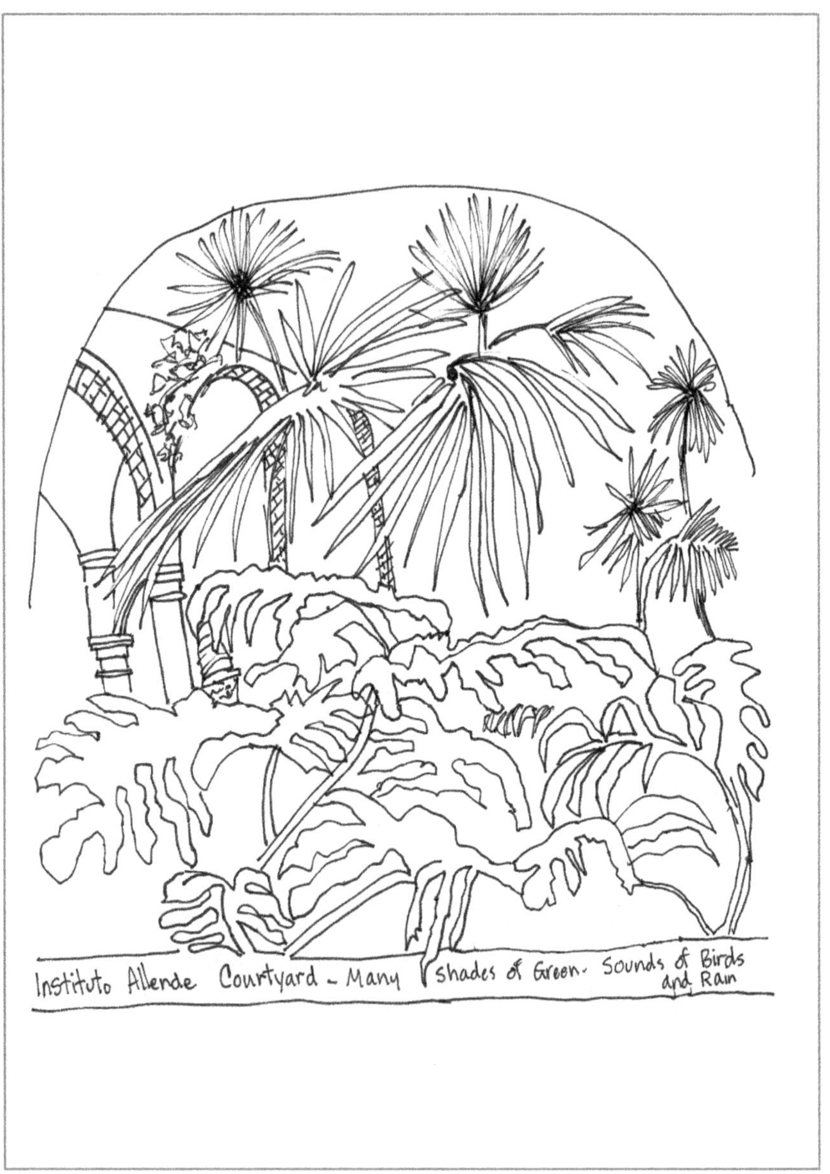

Instituto Allende

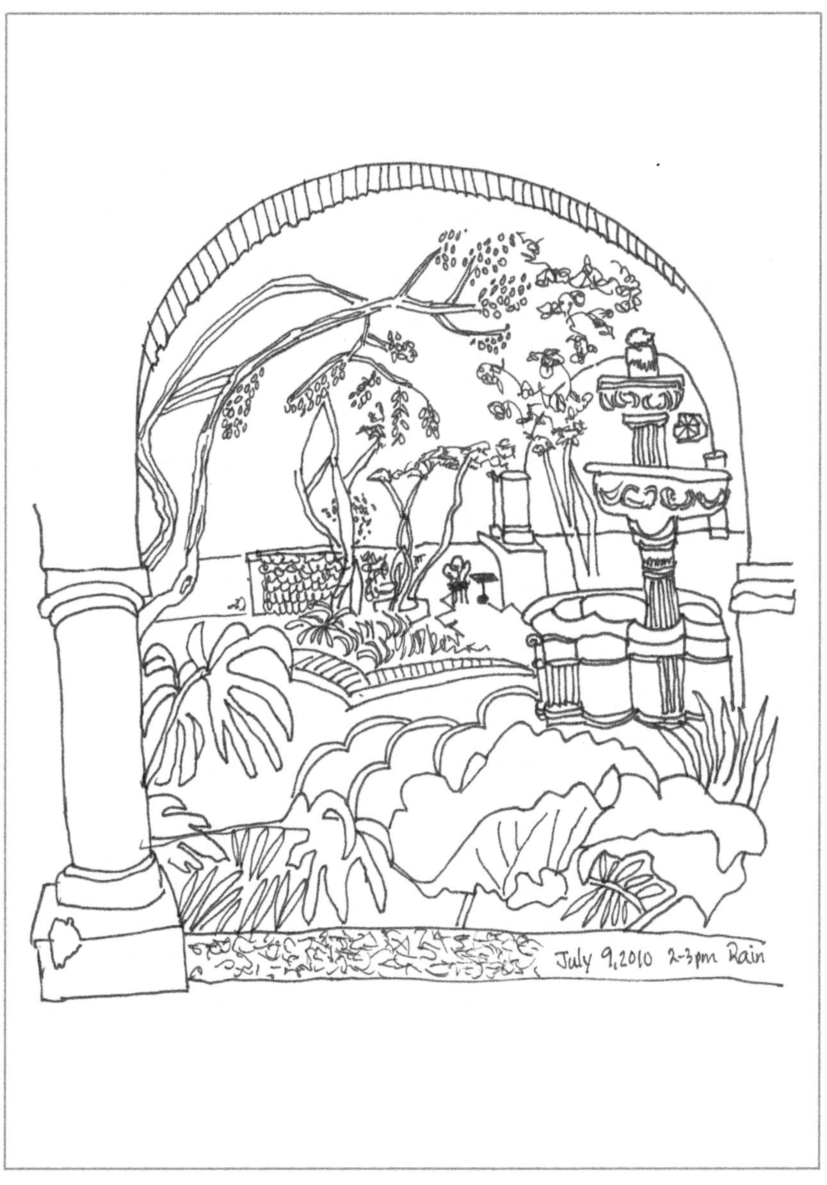

Instituto Allende

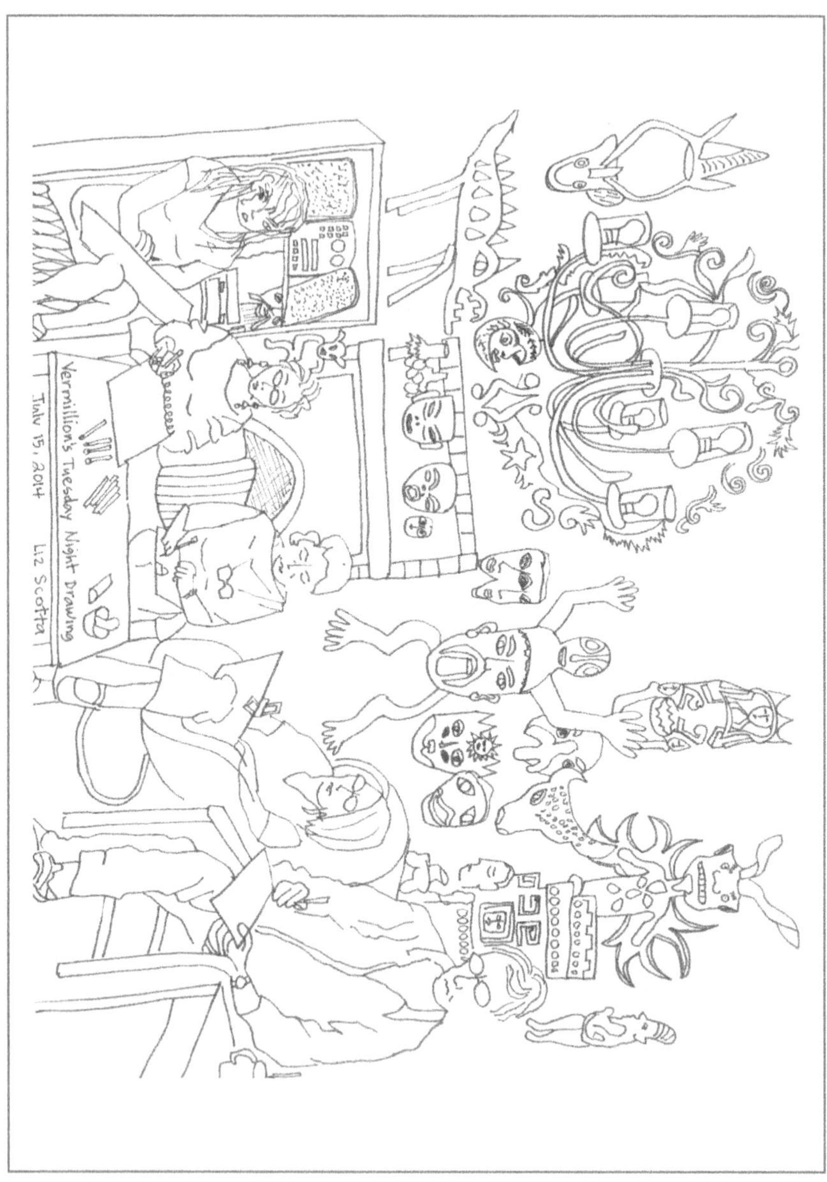

Los martes en la noche en casa de Henry Vermillion

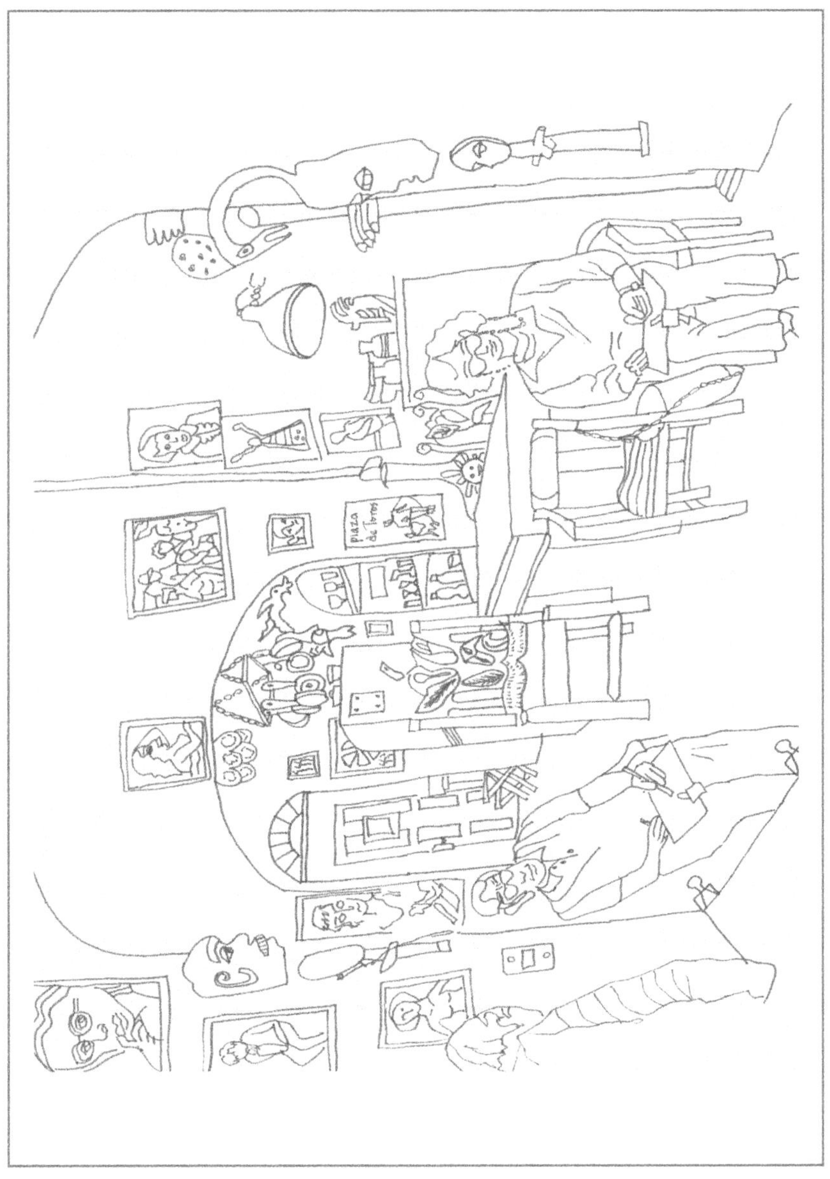

Los martes en la noche en casa de Henry Vermillion

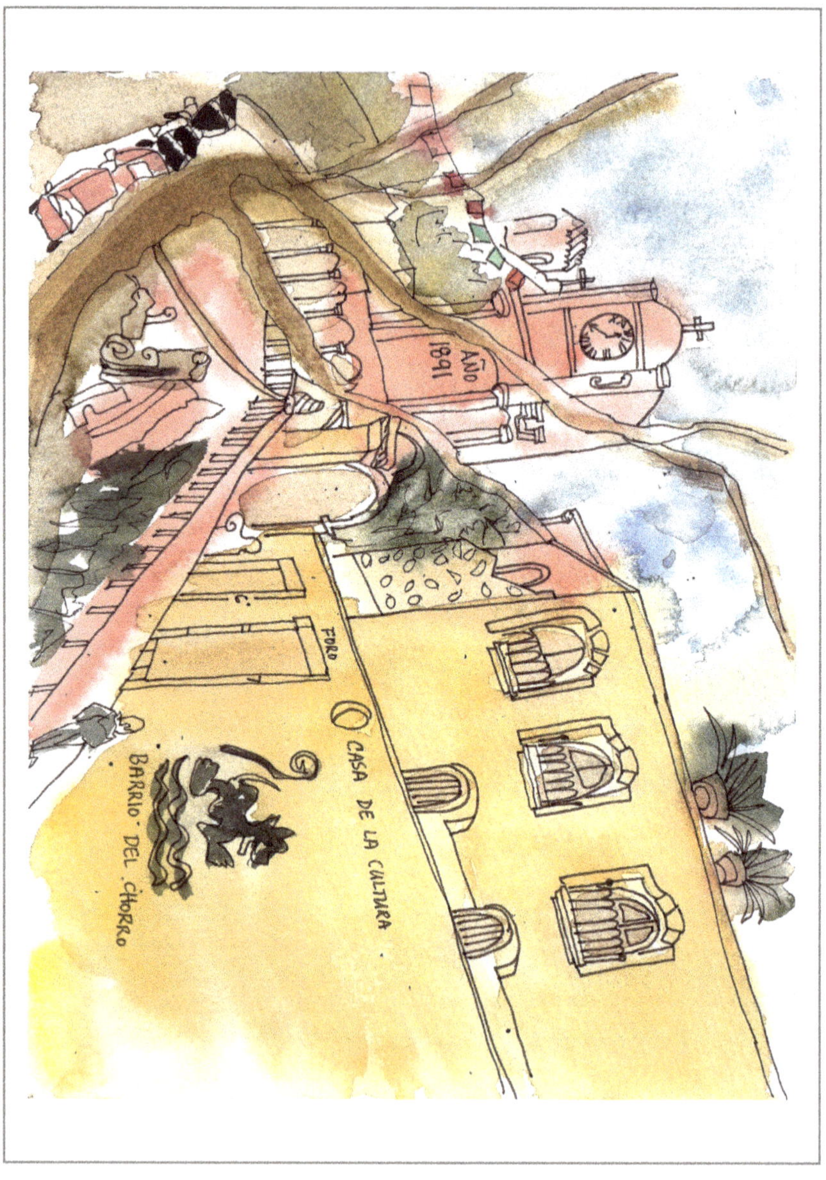

Casa de la Cultura

Library

Biblioteca

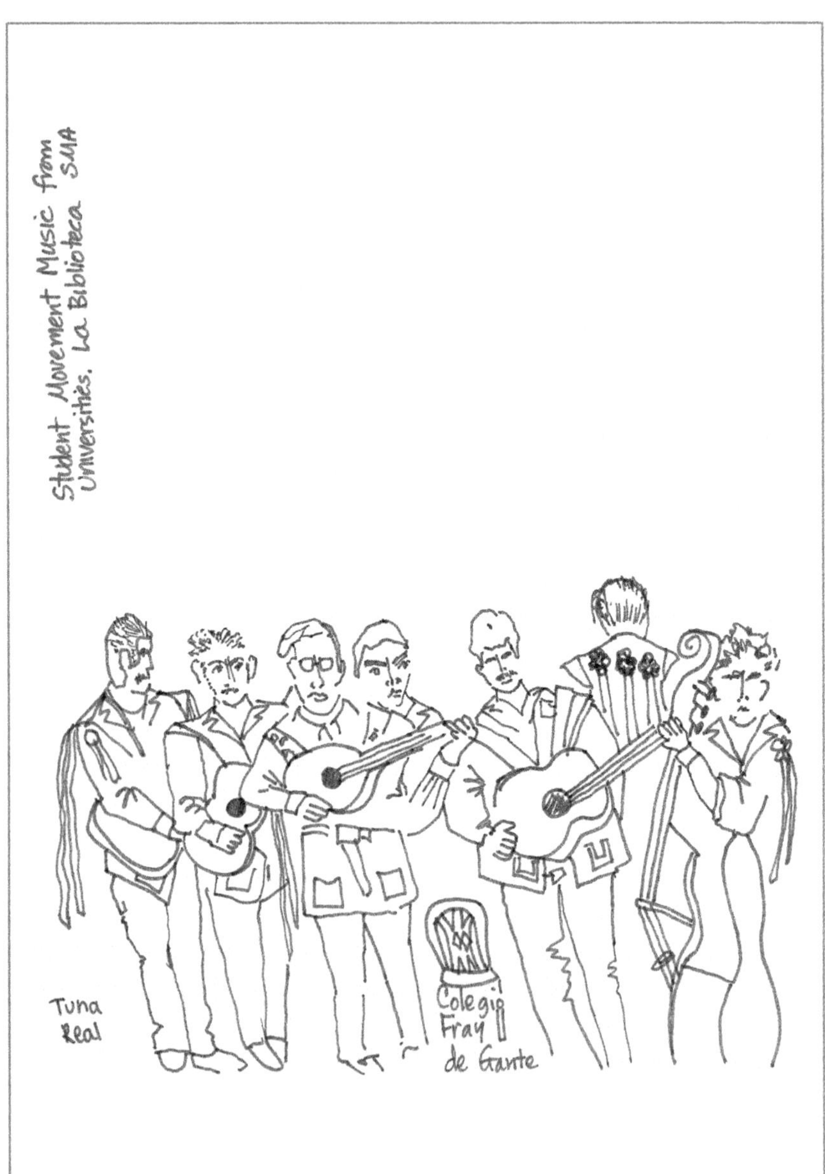

Estudiantina

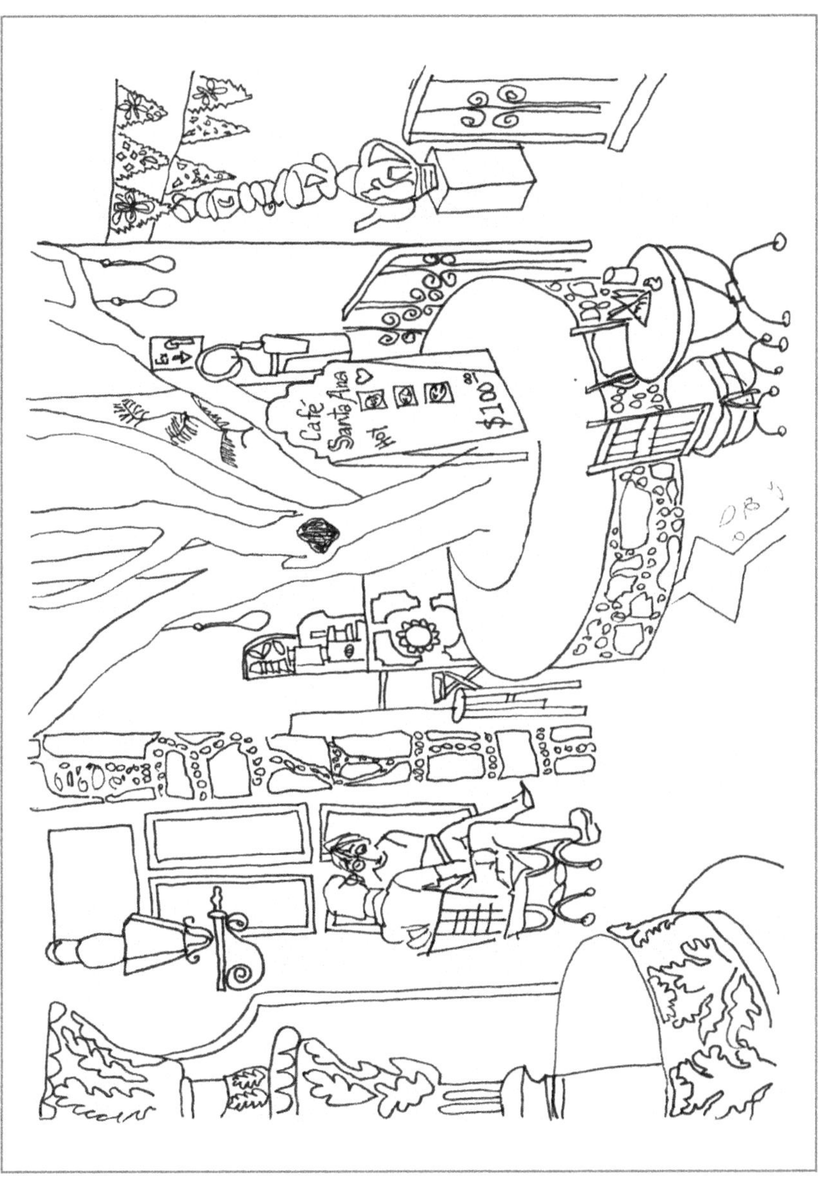

Café Santa Ana

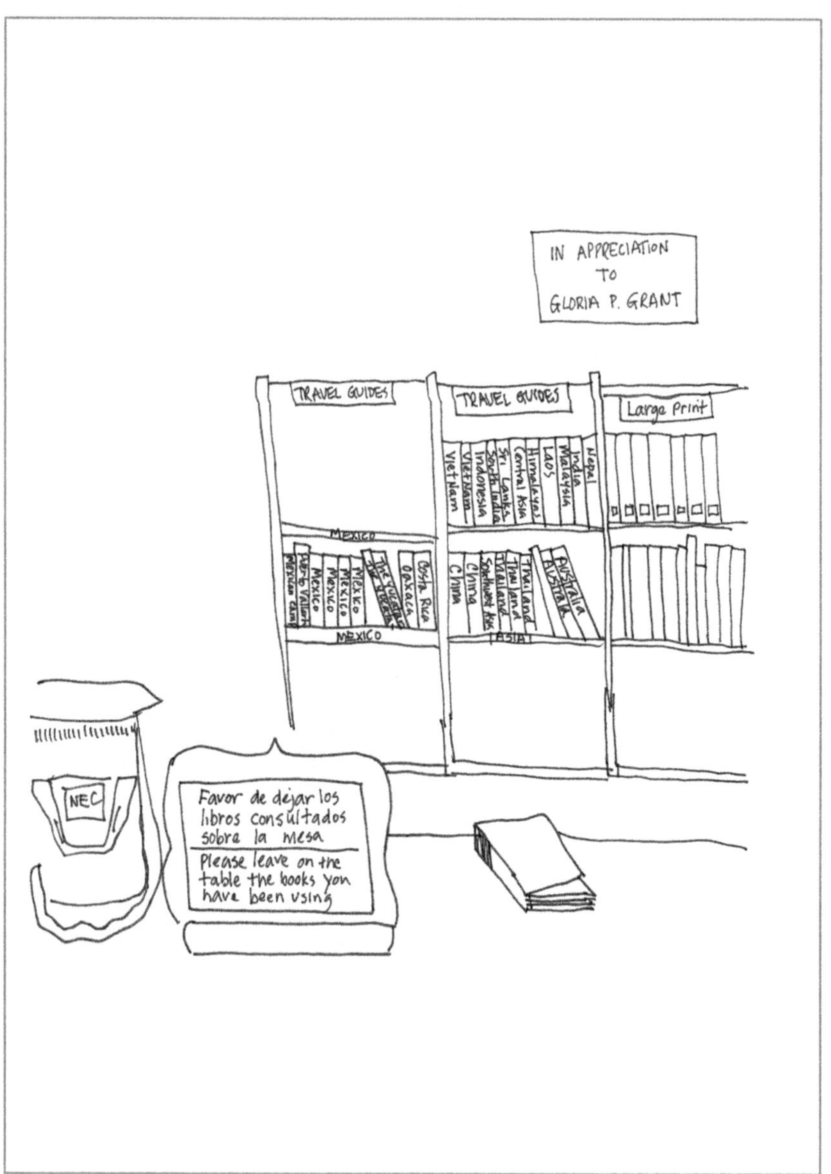

Sala de lectura Gloria P. Grant

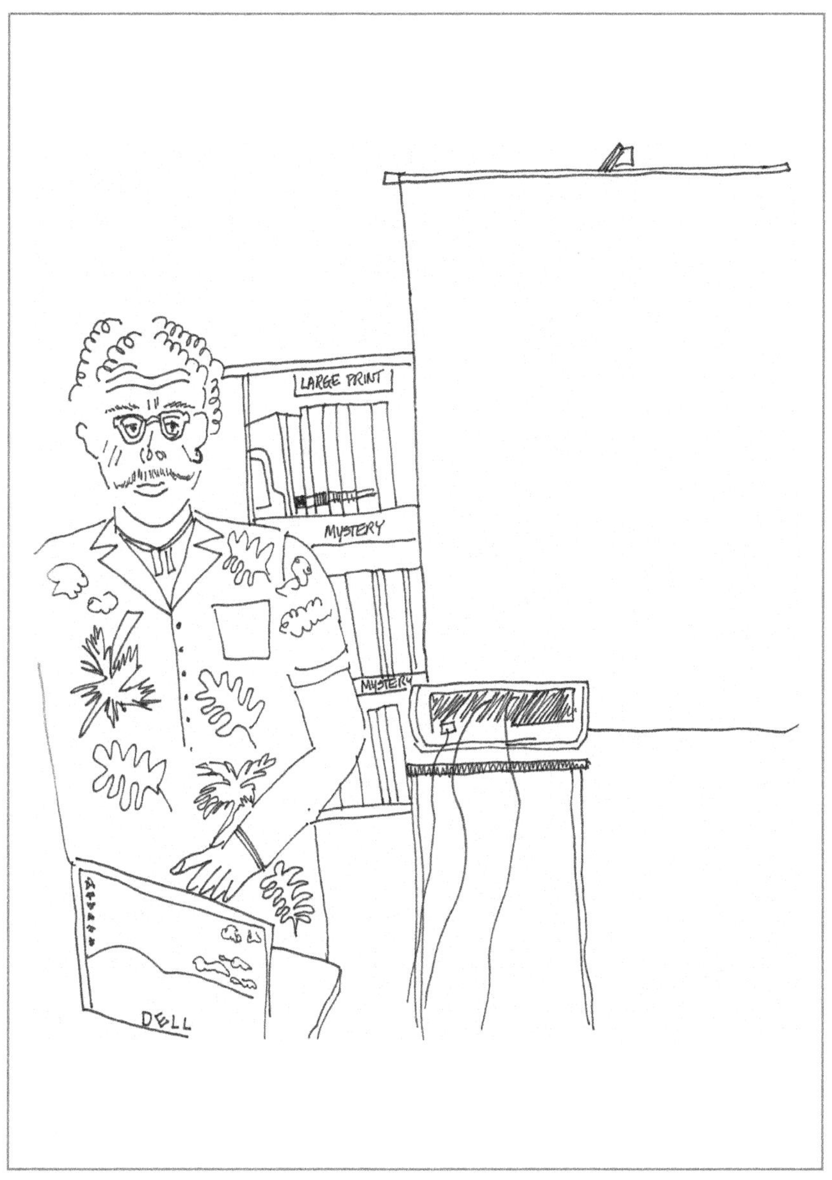

Sala de lectura Gloria P. Grant

Churches

Iglesias

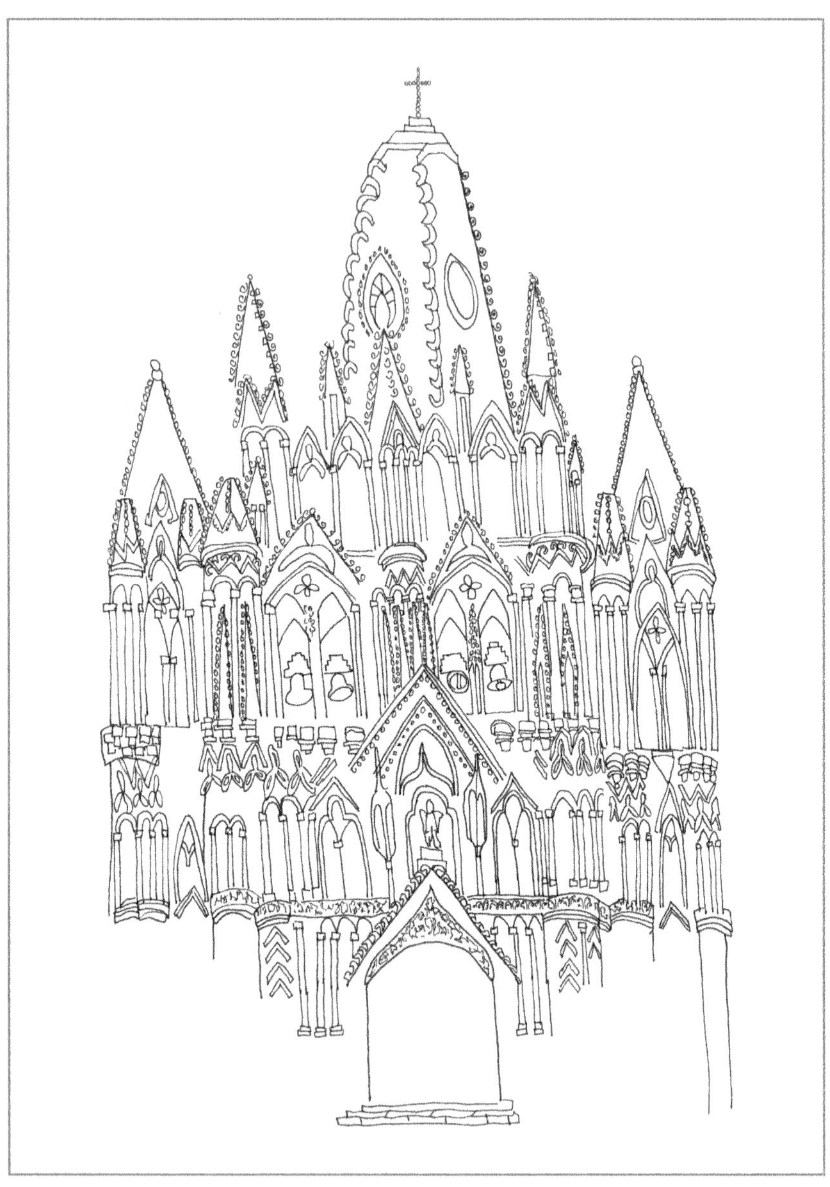

Parroquia de San Miguel Arcángel

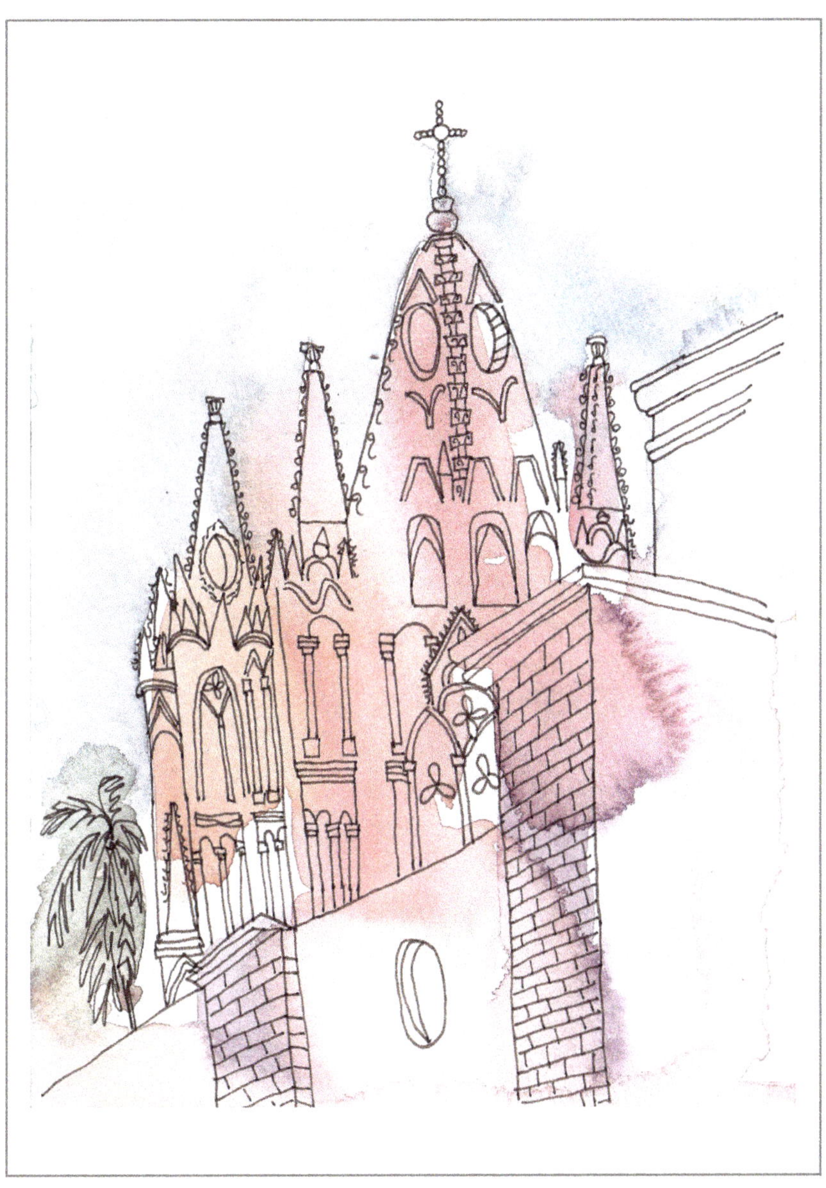

Parroquia de San Miguel Arcángel

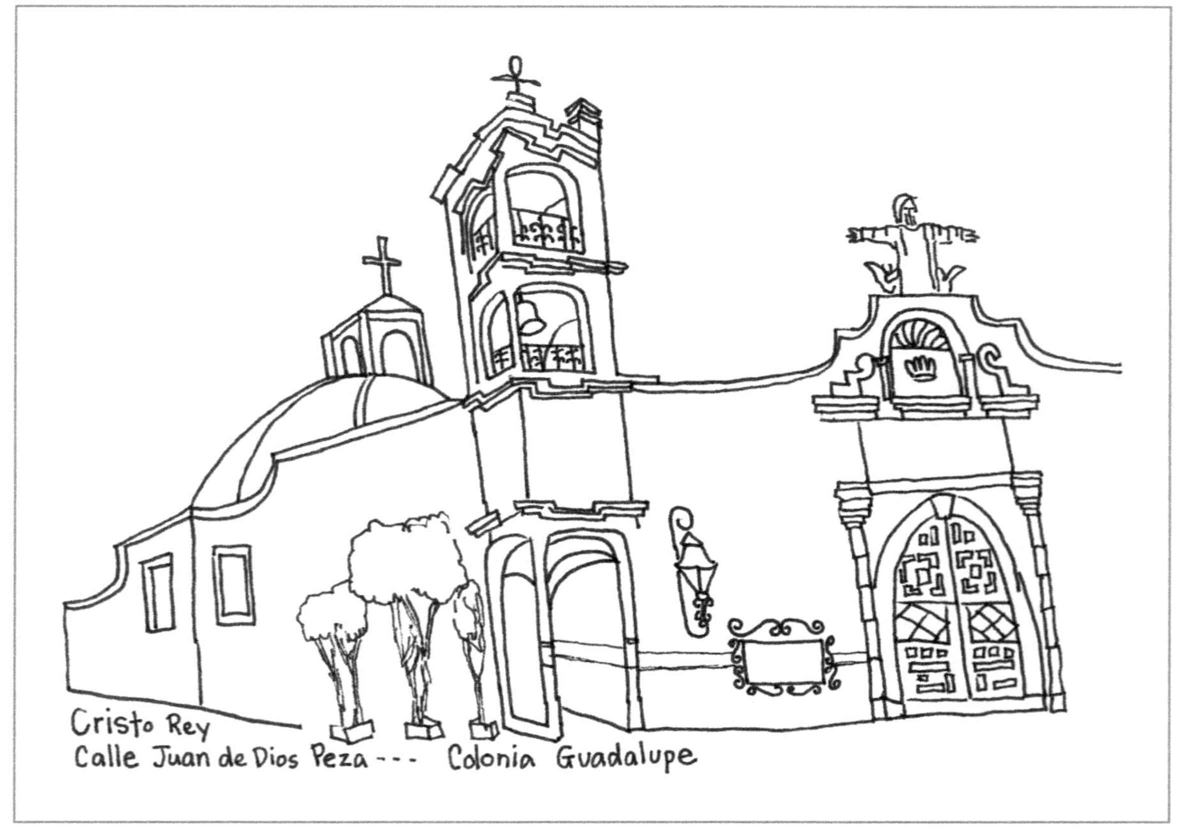

Iglesia de Cristo Rey

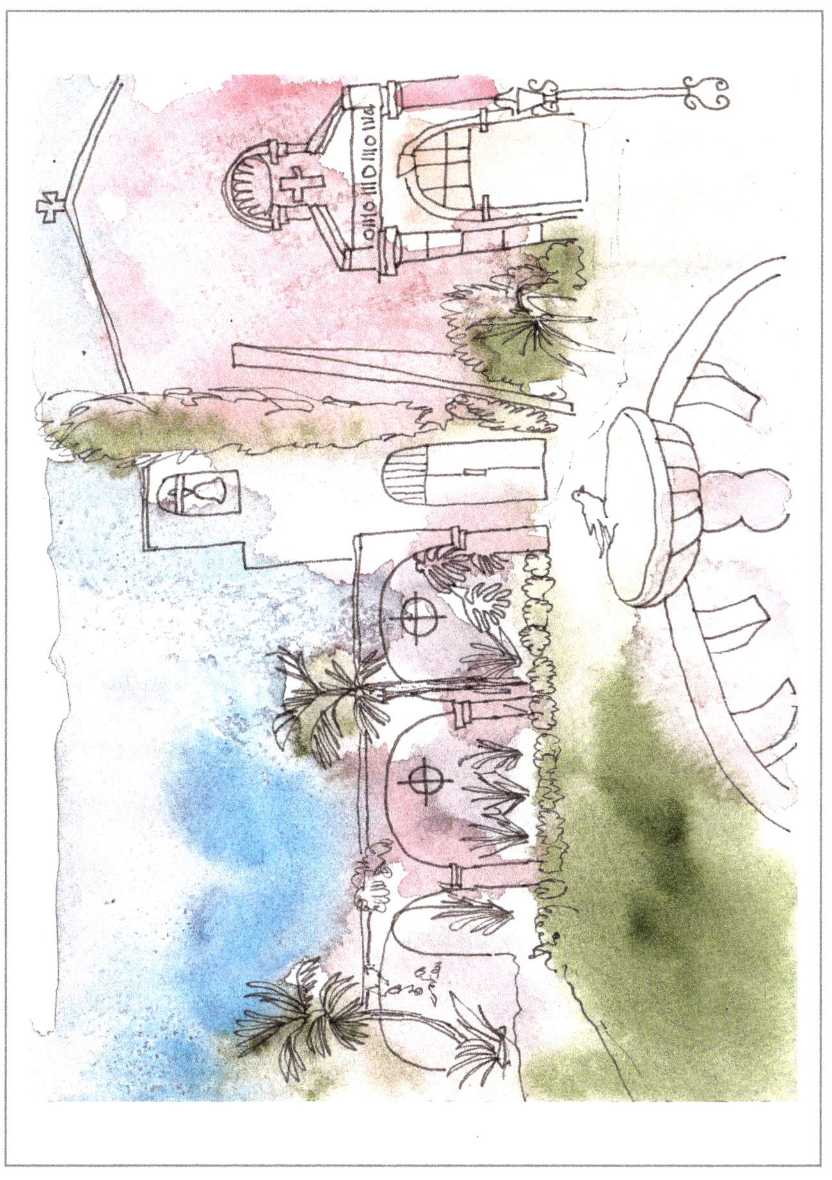

Iglesia Anglicana de San Paulo

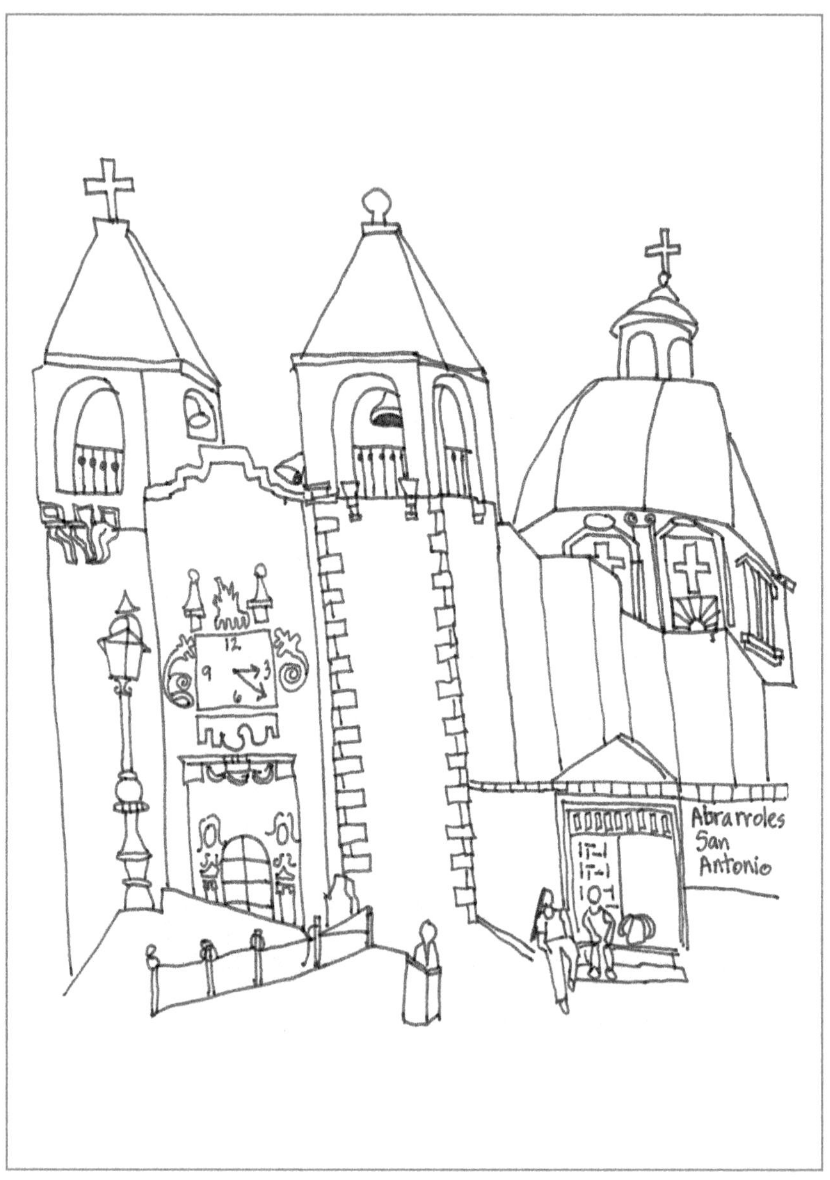

Parroquia de San Antonio de Padua

San Antonio de Padua Church

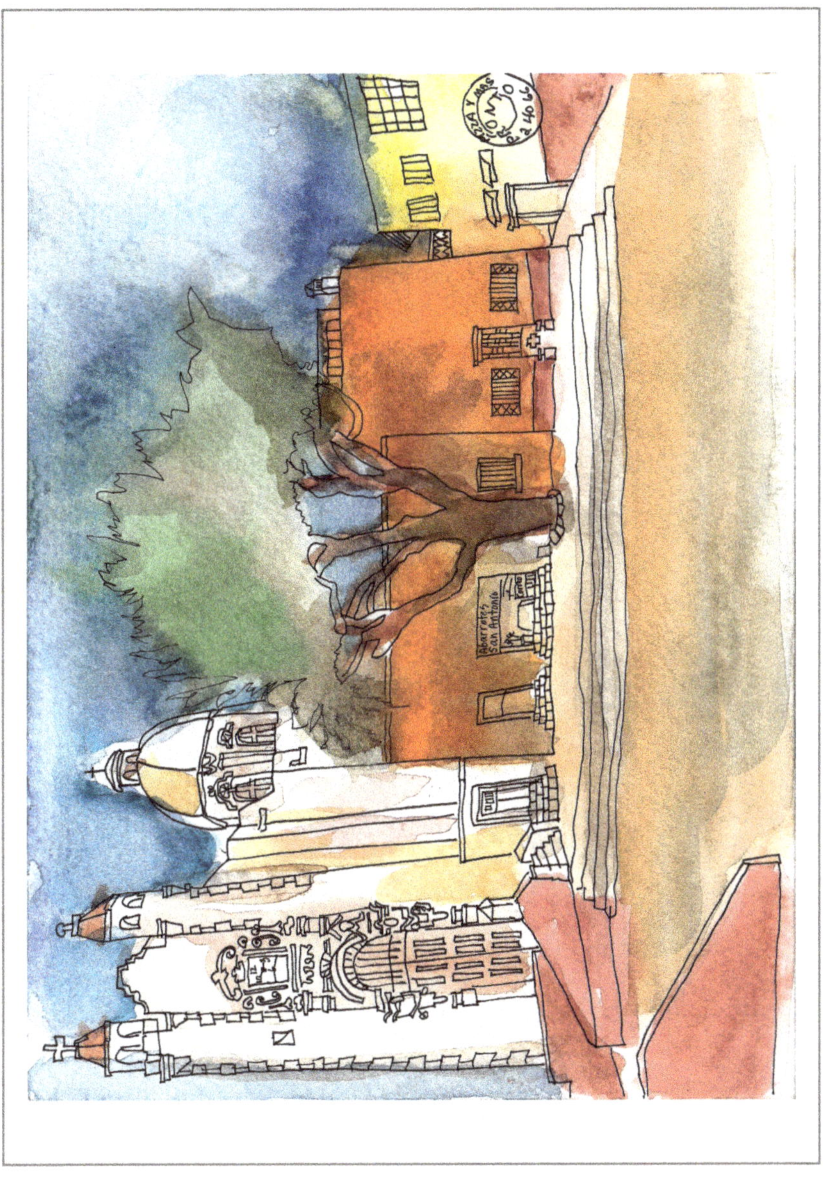

Parroquia de San Antonio de Padua

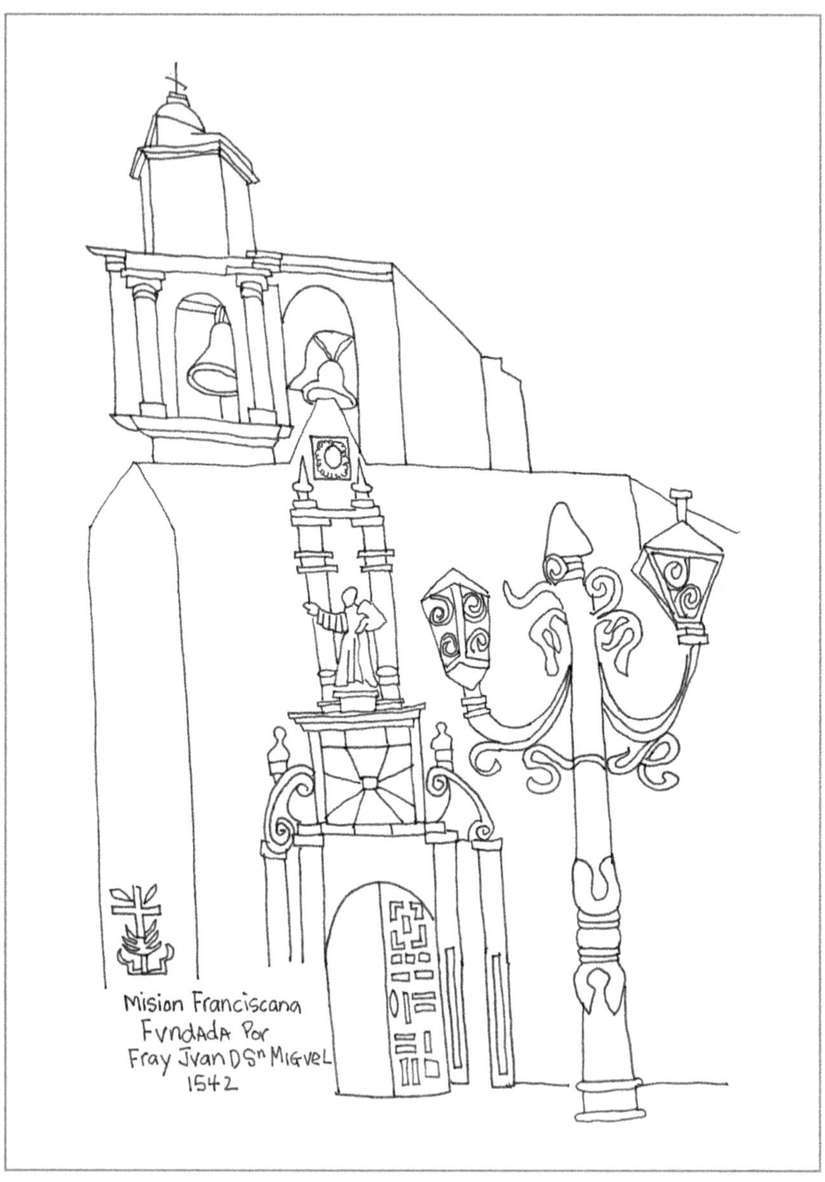

Missión Franciscana

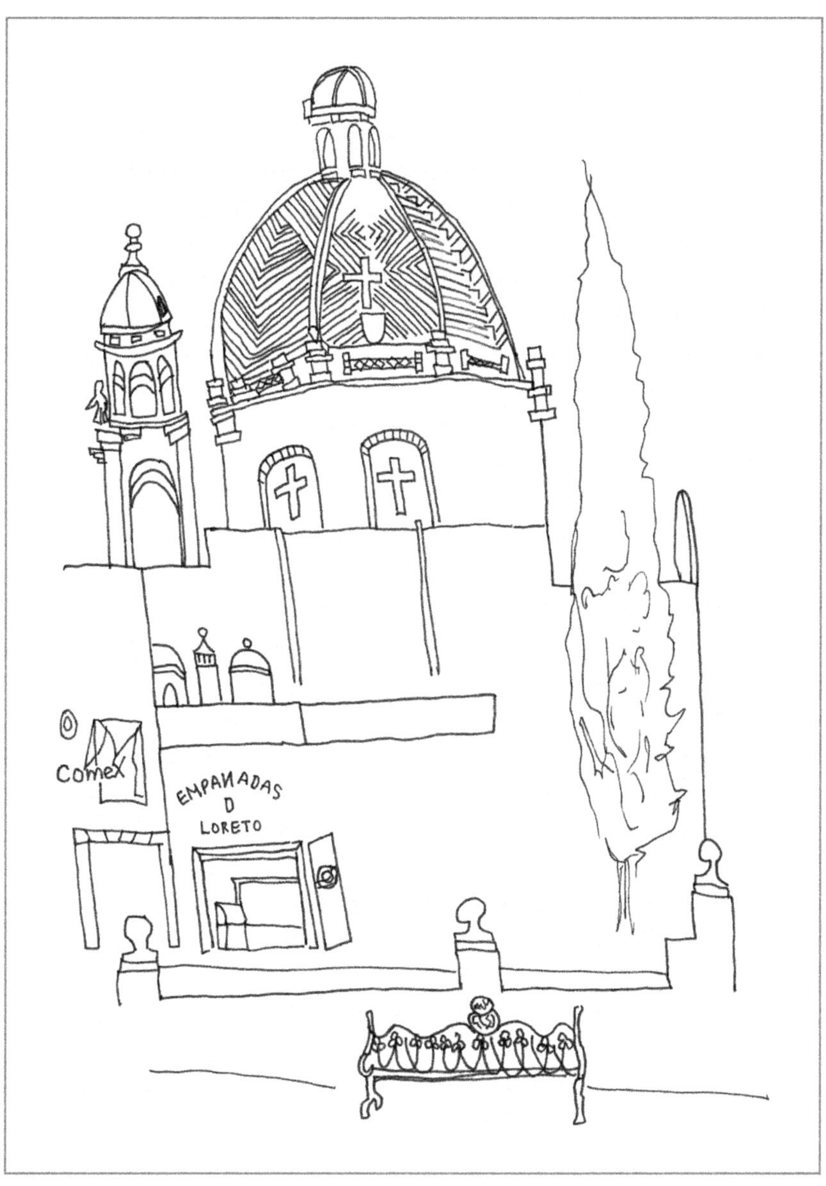

Iglesia de San Francisco

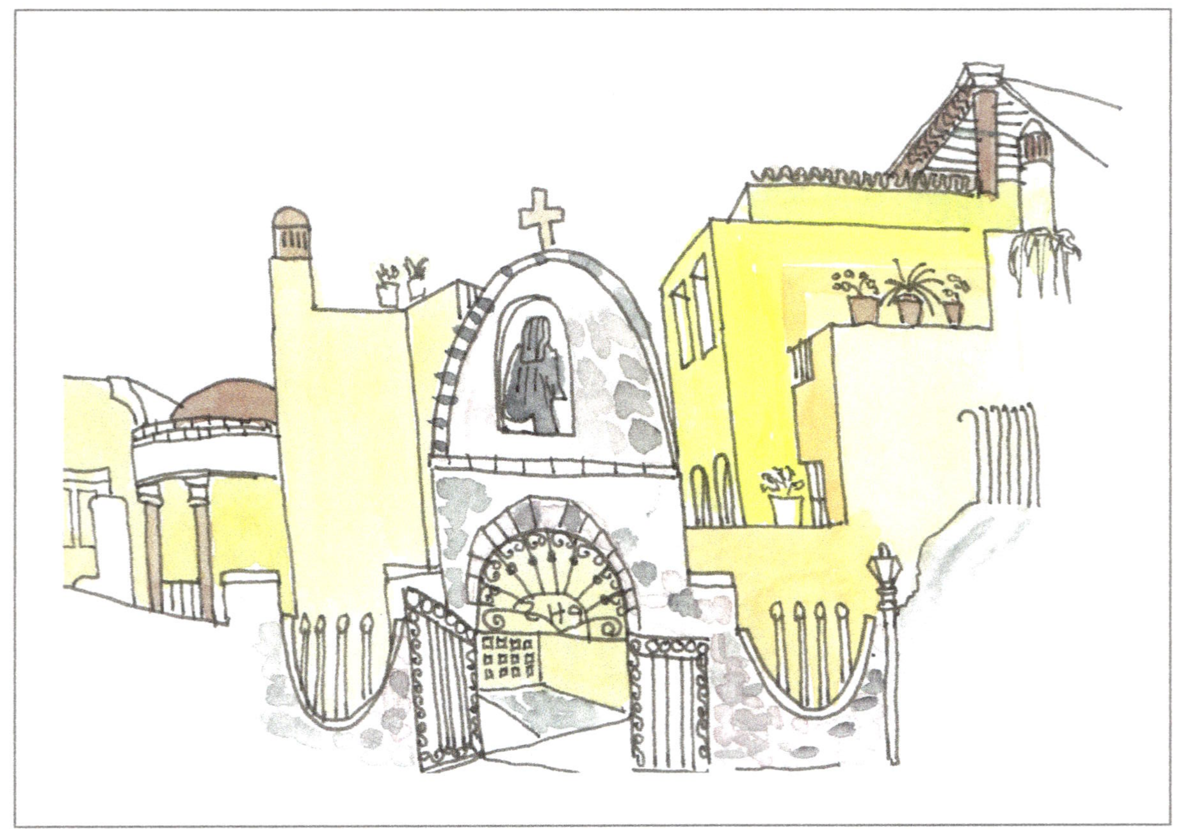

Capilla

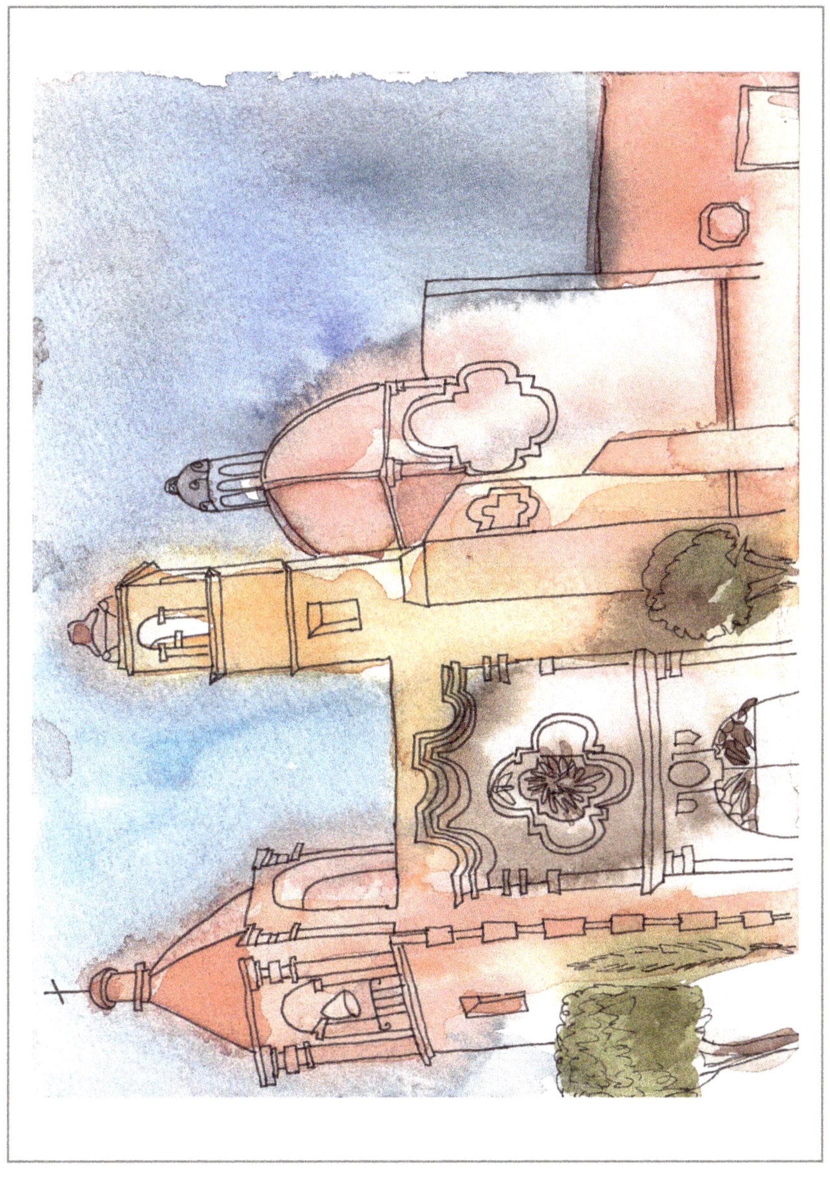

Iglesia de San Juan de Dios

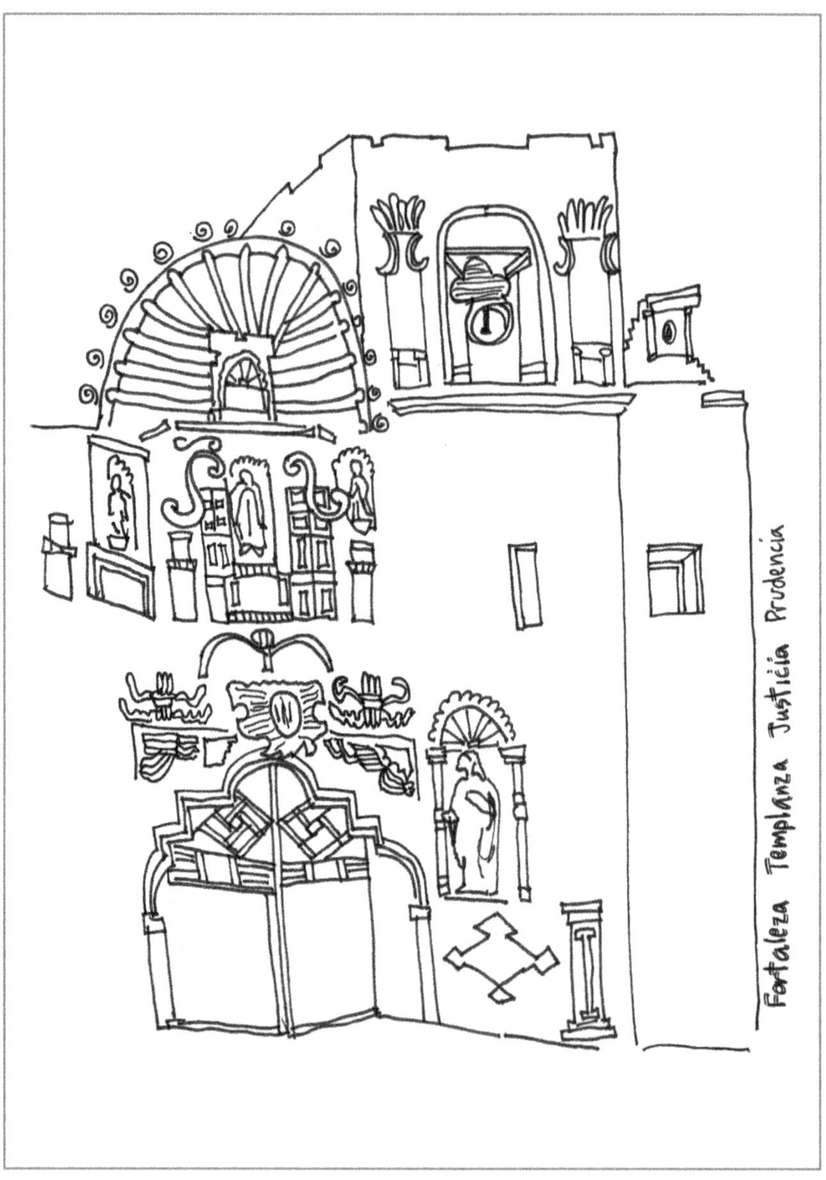

Templo de Nuestra Señora de la Salud

Interiors

Interiores

The restaurants in San Miguel de Allende are bursting with colorful decorations. Often the waiters help me find the best table. I am careful to leave if there's a line of customers. I make friends with the staff and show them my drawings and they will sometimes point out something that they think is important that I omitted.

I stayed two nights at Casa de la Cuesta in 2010. Heidi and Bill have graciously allowed me to return and draw over the years. Their collection of arts and crafts and masks are beautiful to draw.

One of my favorites places to go is Petit Bar because for 100 pesos you get a drink, a small bag of popcorn and a movie. I enjoyed drawing the old movie projectors on the top shelf. Who can resist Paco's pastries at Petit Four? He has been my cooking instructor for 4 years, first at Sazon and now at his home. His assistant loved my drawing because in them he had magically lost about 30 pounds!

Using VRBO.com I have found 3 amazing houses to rent. On rainy, thunderous days I take out my art supplies and sketch. I love sketching both the old brown Mexican dishes (E.V.) and the brightly colored Talaveras plates and cups from Dolores Hidalgo.

I recommend the House & Garden Tours at La Biblioteca. On more than one occasion I have shown the owners my sketchbooks and asked if I could return later in the week to draw. I haven't been refused. My San Francisco kitchen definitely has a Mexican theme with four drawings done by the children's Art Club at La Biblioteca, Mexican circus toys, Dolores Hidalgo pottery and colorful Mexican curtains.

Los restaurantes en San Miguel de Allende están llenos de adornos coloridos. A menudo, los meseros me ayudan a encontrar la mejor mesa. Me aseguro de irme si hay una fila de clientes. Me hago amiga del personal y les muestro mis dibujos. A veces me señalan algo que omití que ellos piensan es importante.

Me alojé dos noches en Casa de la Cuesta en el año 2010. Heidi y Bill me han permitido amablemente que regrese y dibuje en los últimos años. Su colección de arte y artesanía y las máscaras son hermosas para dibujar.

Uno de mis lugares favoritos es Petit Bar, ya que por 100 pesos te dan una bebida, una bolsa pequeña de palomitas de maíz y una película. Me gustó dibujar los proyectores de cine antiguos en el estante superior. ¿Quién puede resistir los pastelillos de Paco en El Petit Four? Él ha sido mi profesor de cocina por 4 años, primero en Sazón y ahora en su casa. A su asistente le encantó mi dibujo, había perdido cerca de 30 libras por arte de magia!

Utilizando VRBO.com he encontrado 3 casas increíbles para alquilar. En días lluviosos y tormentosos saco mis materiales de arte y dibujo. Me encanta dibujar los antiguos platos de barro mexicanos (EV) y los coloridos platos y tazas de talavera de Dolores Hidalgo.

Recomiendo el Recorrido de Casas y Jardínes de la Biblioteca. En más de una ocasión yo les he mostrado mis cuadernos de dibujos a los propietarios y les he preguntado si puedo volver más tarde en la semana a dibujar. No se me ha negado. Mi cocina en San Francisco definitivamente tiene un tema mexicano, cuenta con 4 dibujos realizados por el Club de Arte de Niños de La Biblioteca, juguetes de circo mexicano, cerámica de Dolores Hidalgo y coloridas cortinas mexicanas.

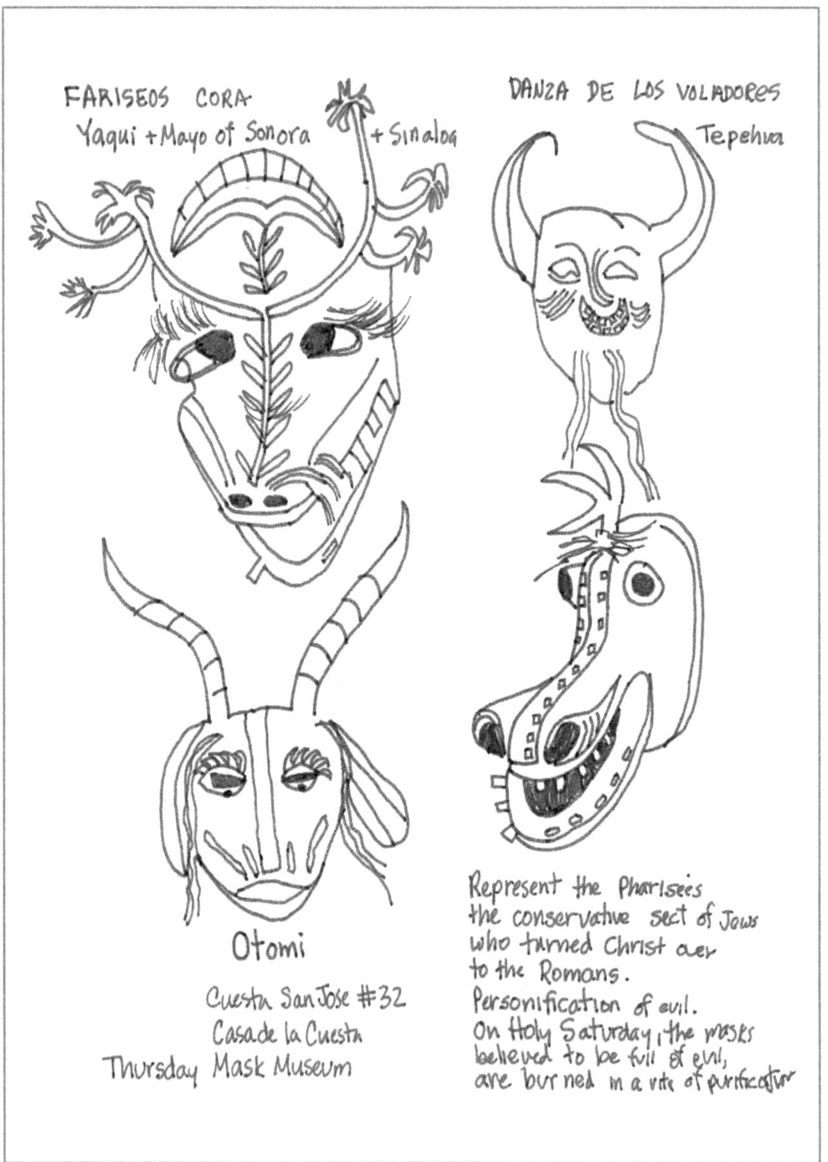
FARISEOS CORA
Yaqui + Mayo of Sonora   + Sinaloa
DANZA DE LOS VOLADORES
Tepehua
Otomi
Cuesta San Jose #32
Casa de la Cuesta
Thursday Mask Museum
Represent the Pharisees
the conservative sect of Jews
who turned Christ over
to the Romans.
Personification of evil.
On Holy Saturday, the masks
believed to be full of evil,
are burned in a rite of purification

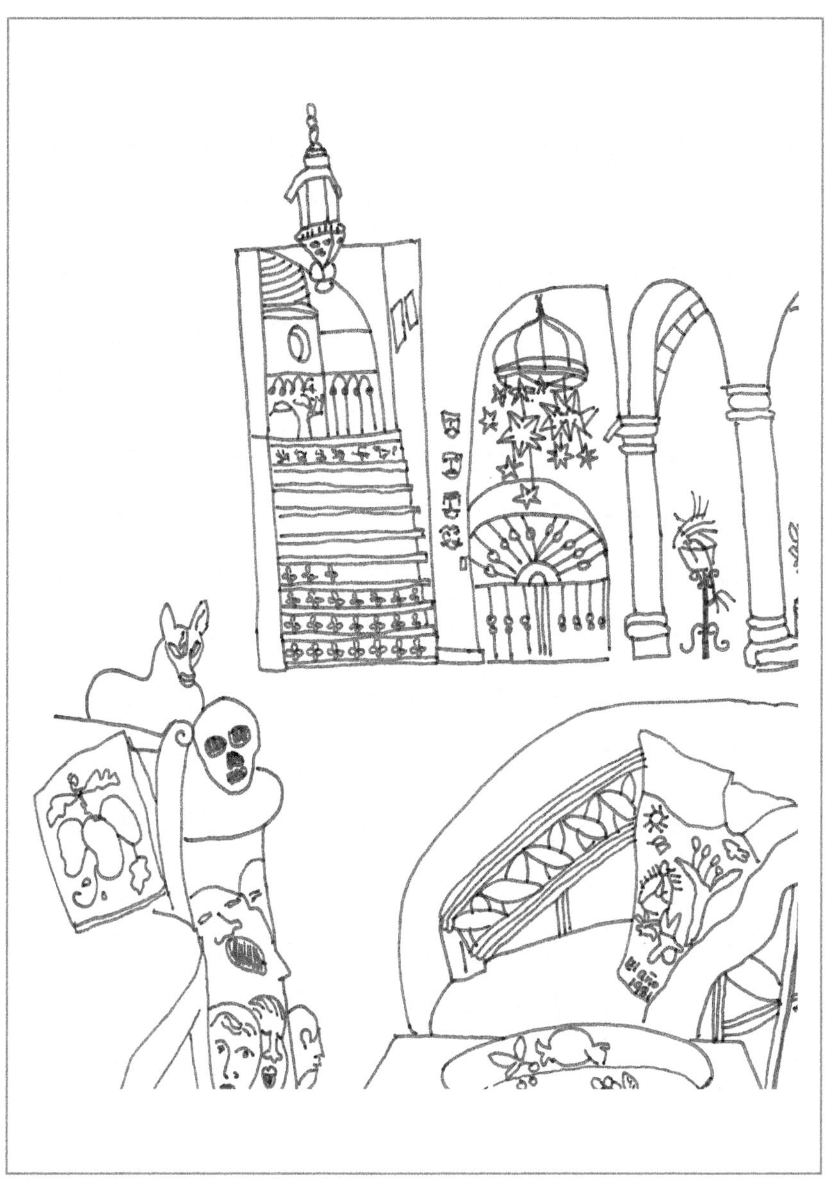

Casa de huéspedes Casa de la Cuesta

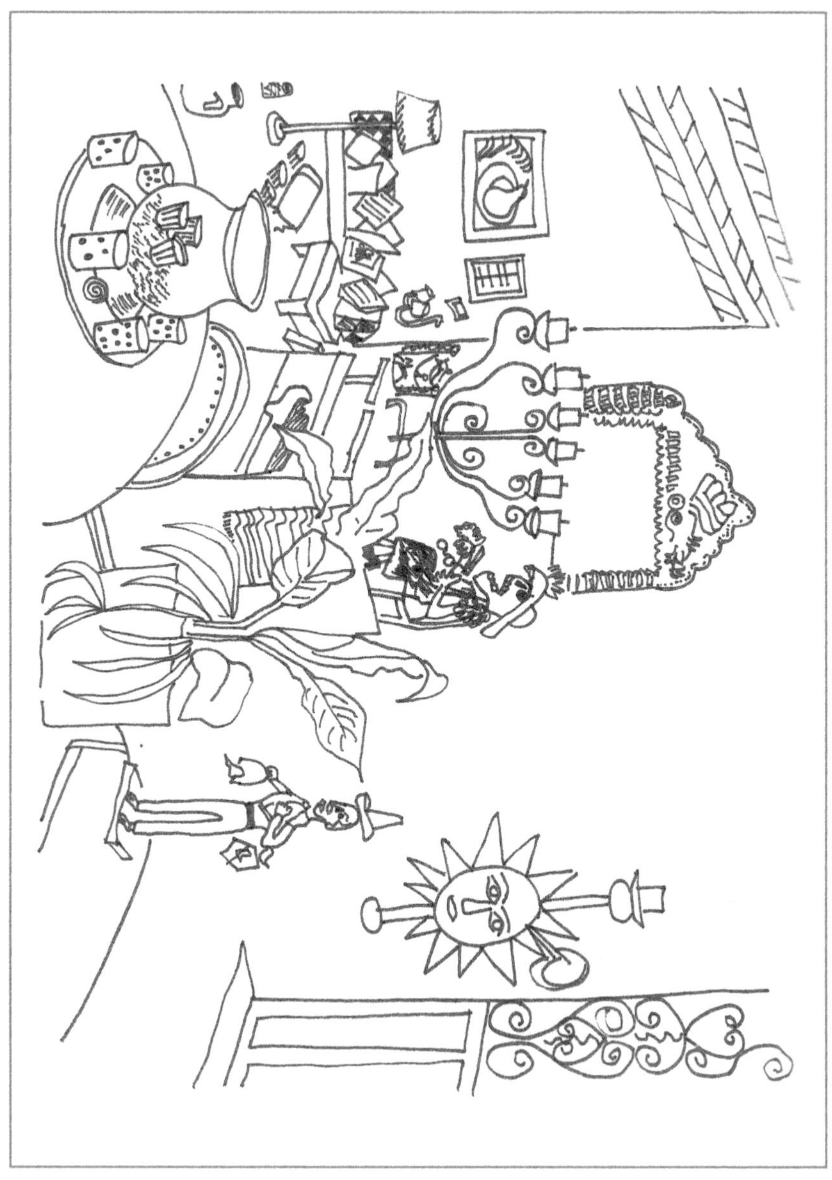

Casa de huéspedes Casa de la Cuesta

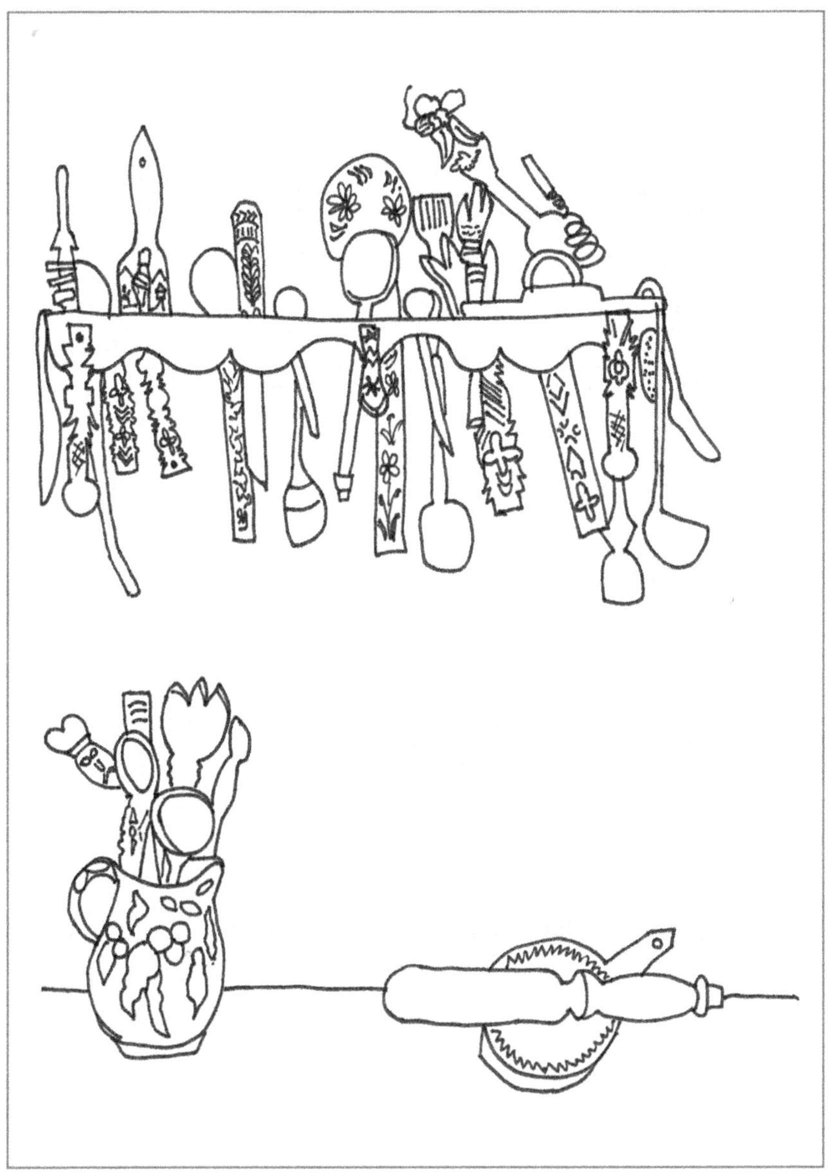

Colección de cucharas en La Cocina Cooking School

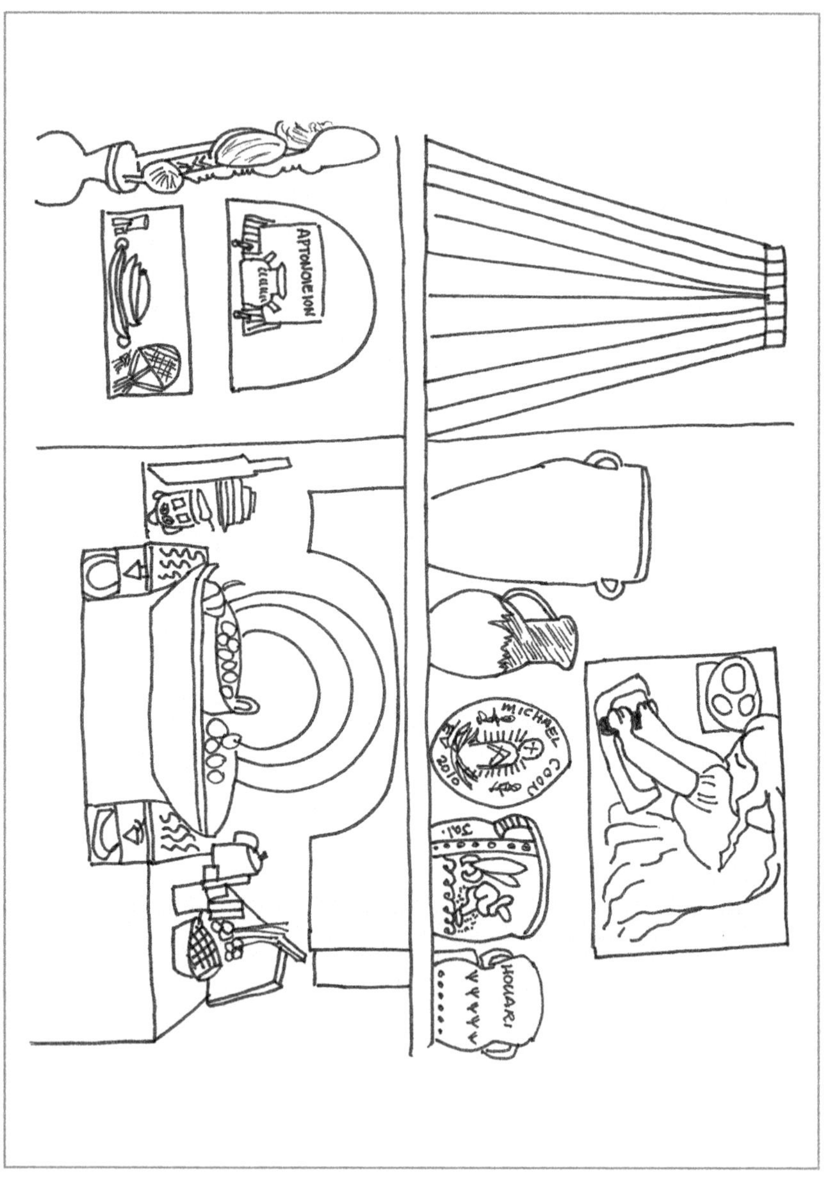

La Cocina Cooking School

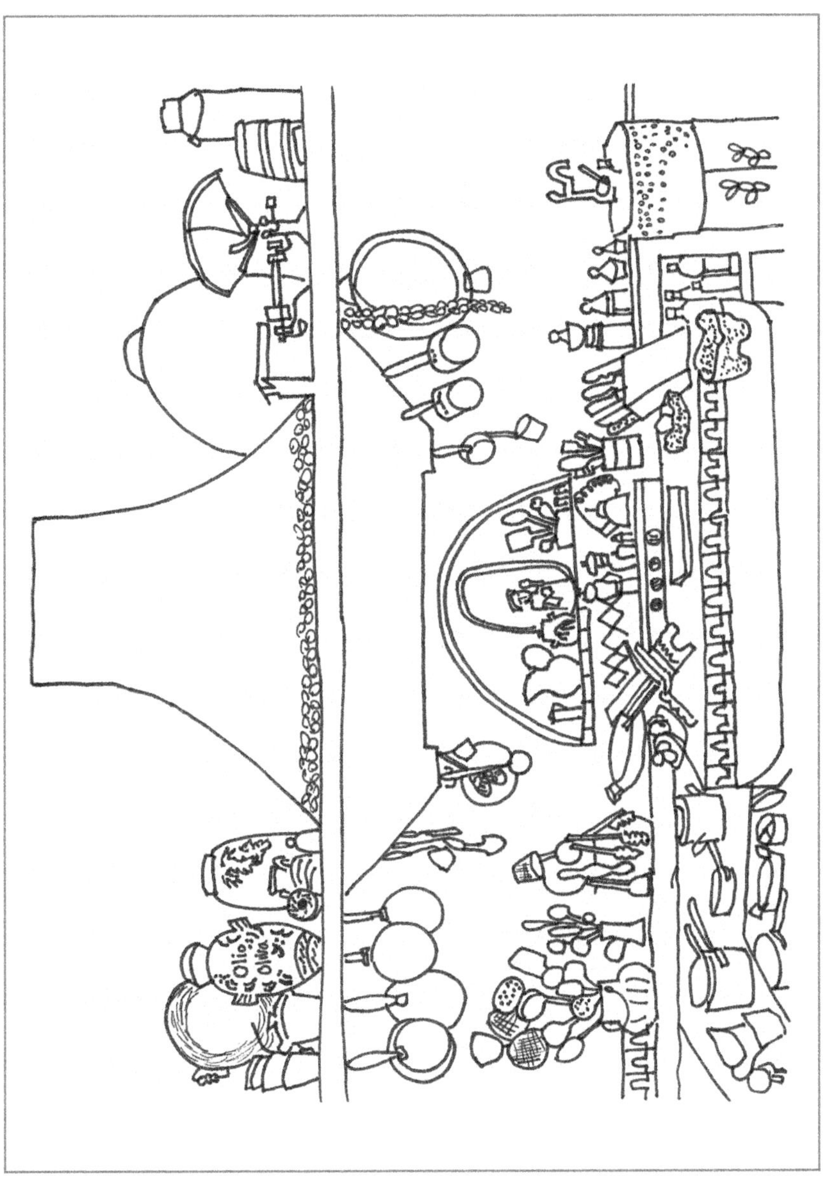

La Cocina Cooking School

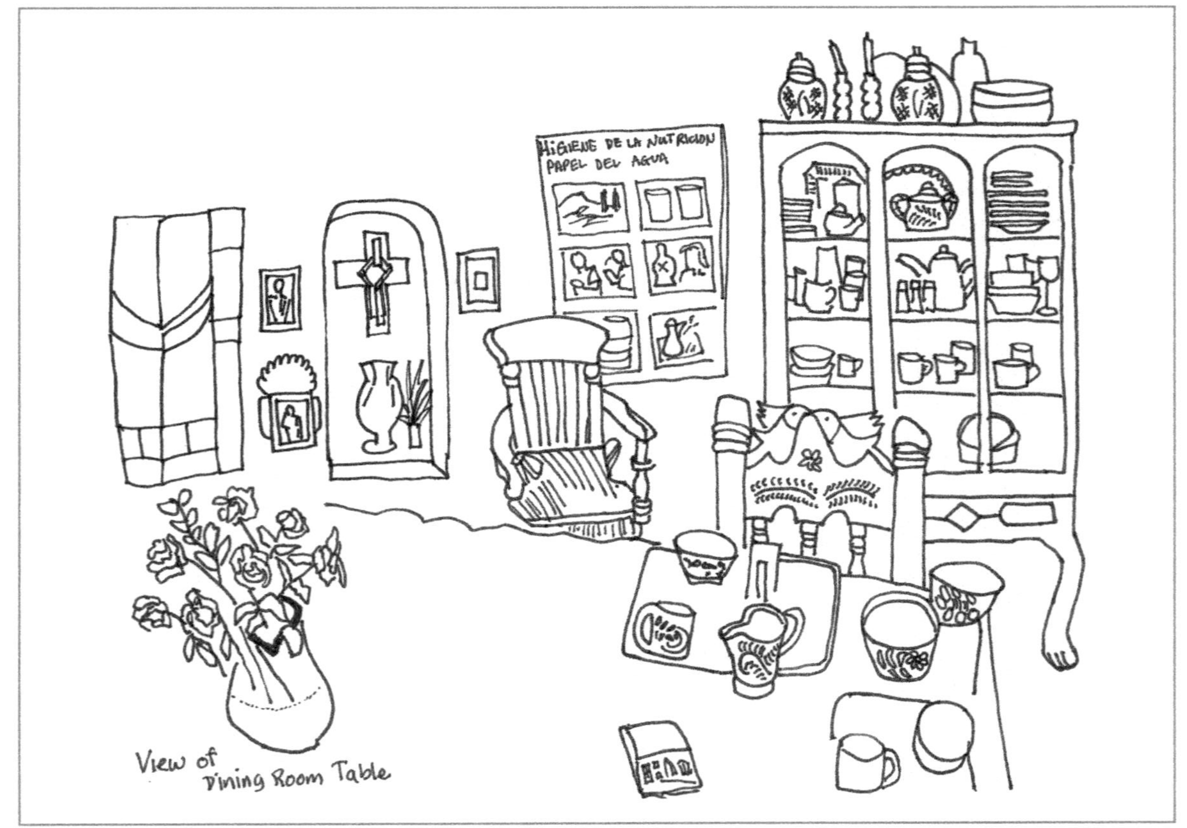

Casa Chepito

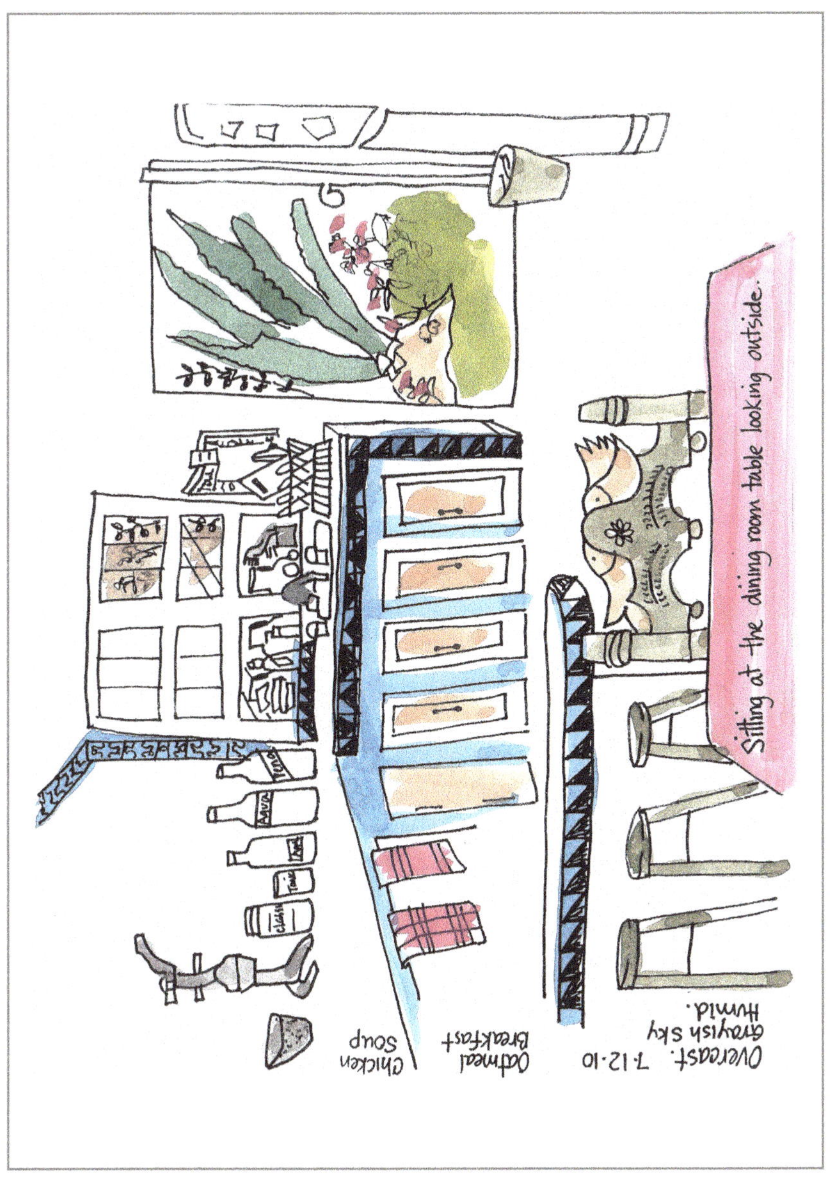

Casa Chepito

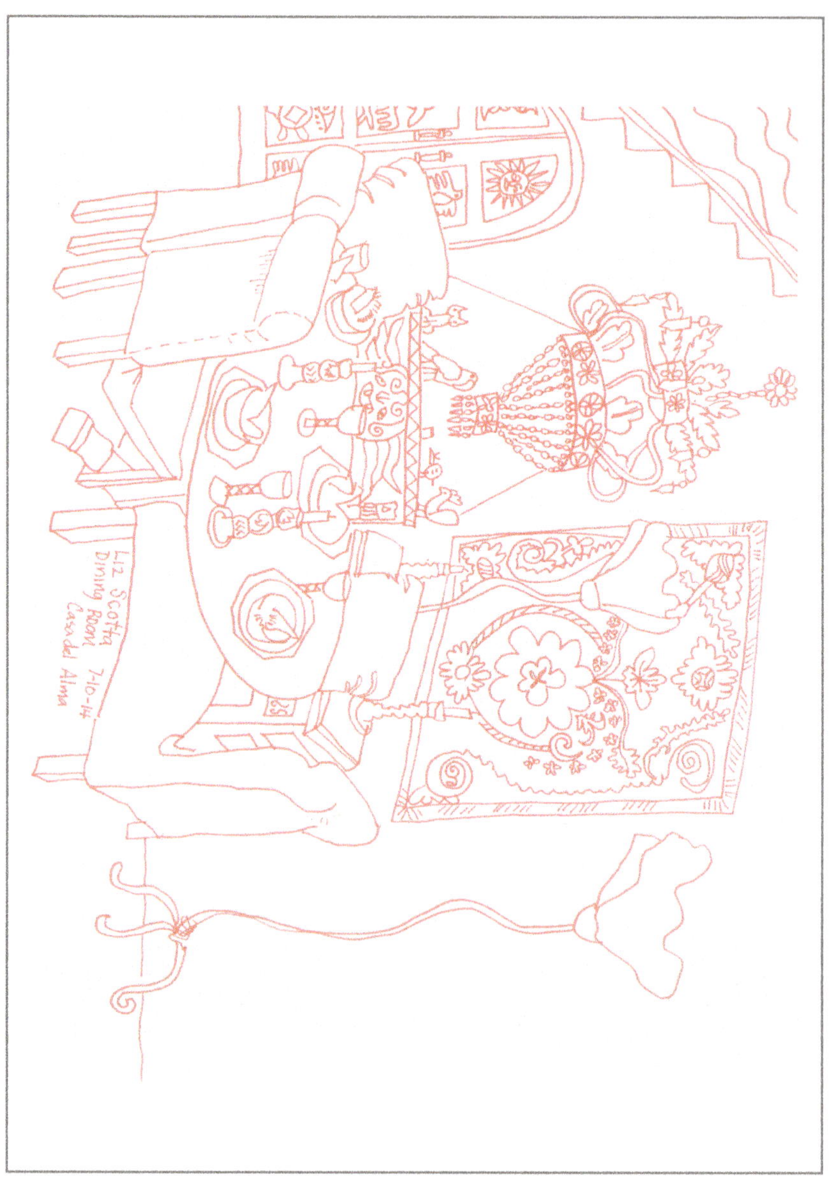

Comedor en la Casa del Alma

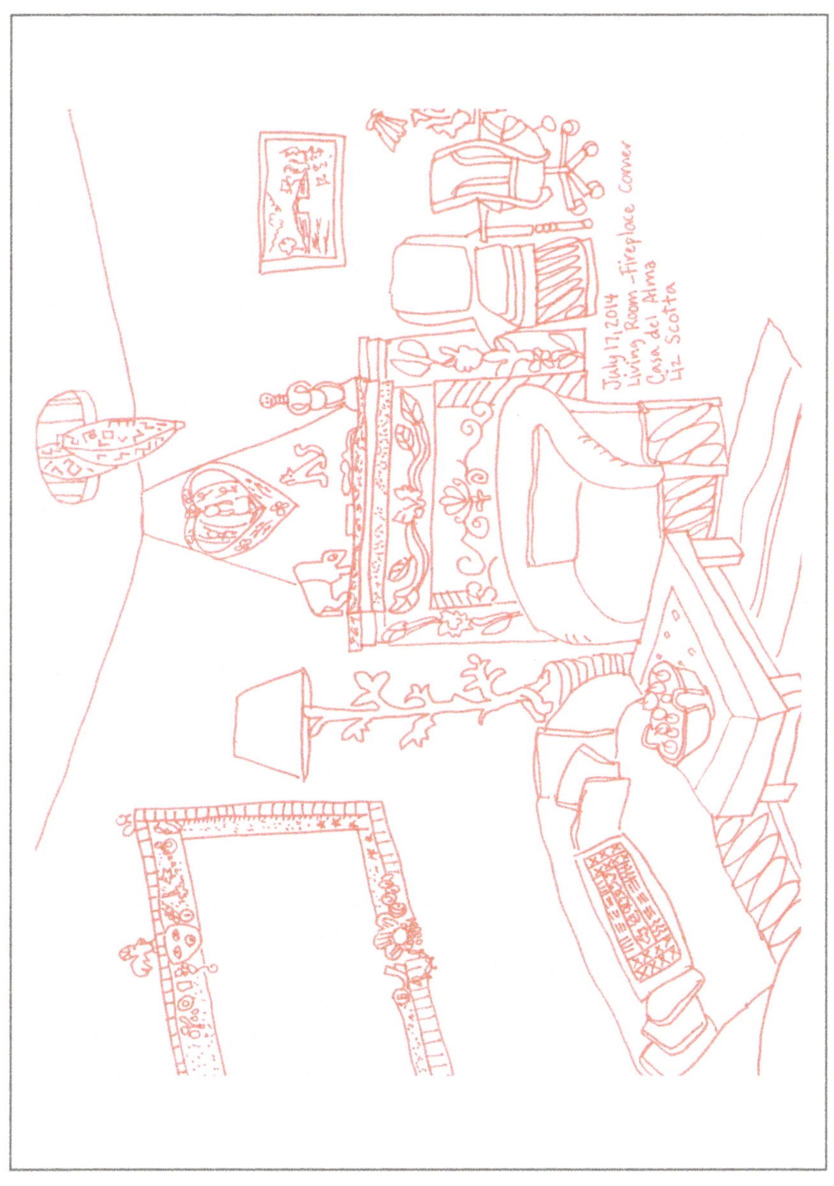

Sala de estar en la Casa del Alma

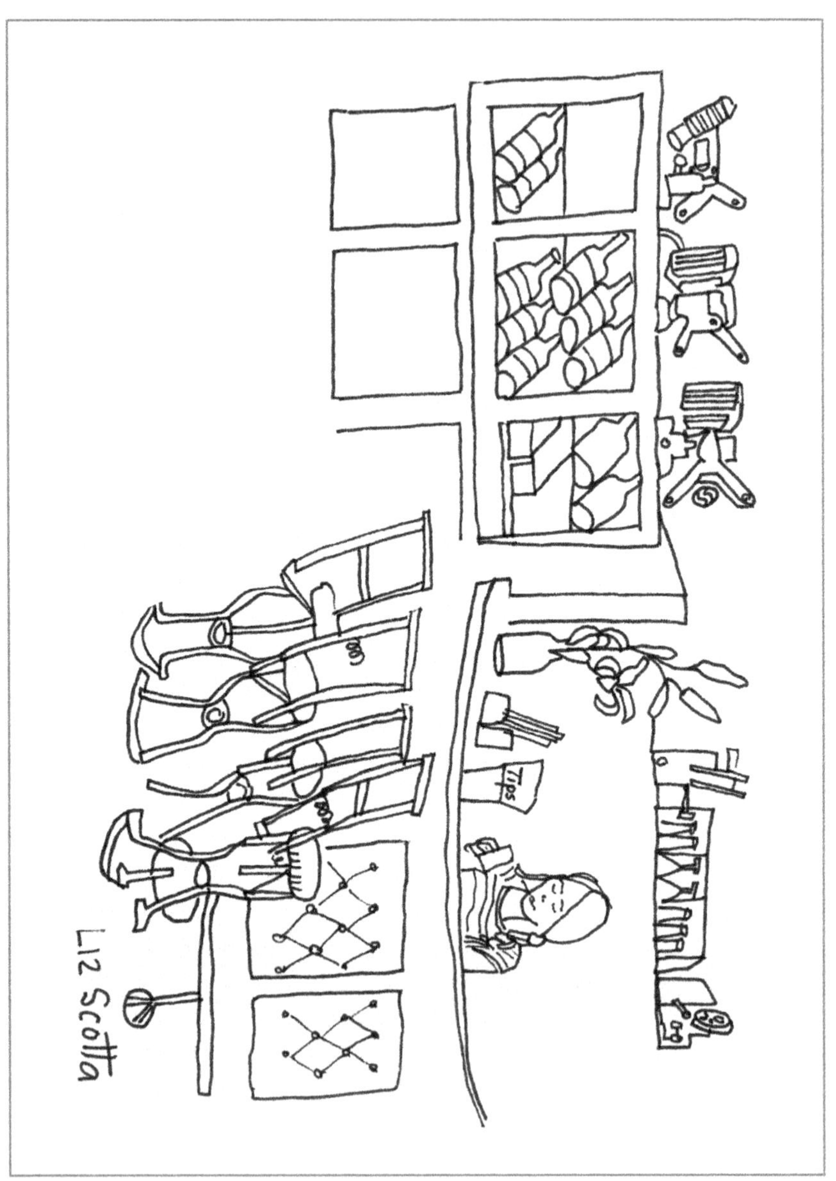

Pocket Theatre

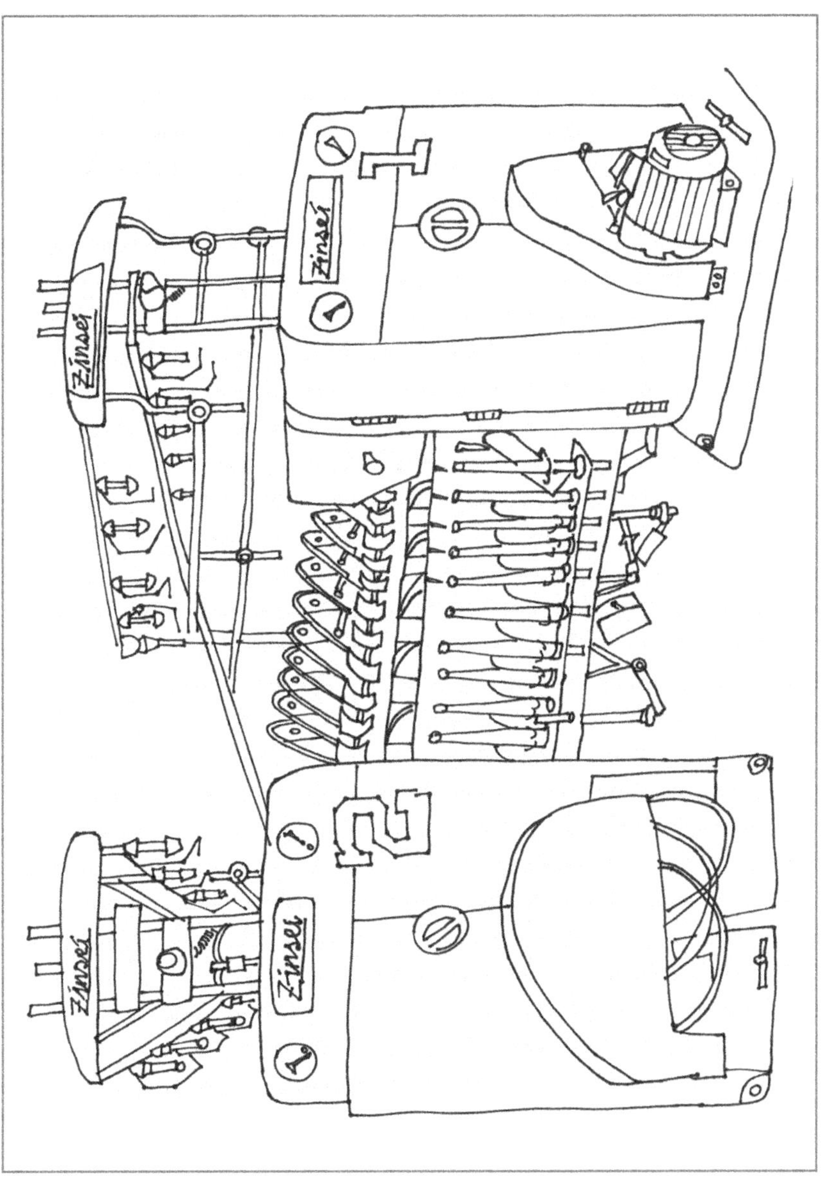

Máquina de hilar en Fábrica Aurora

Raisi's Kitchen

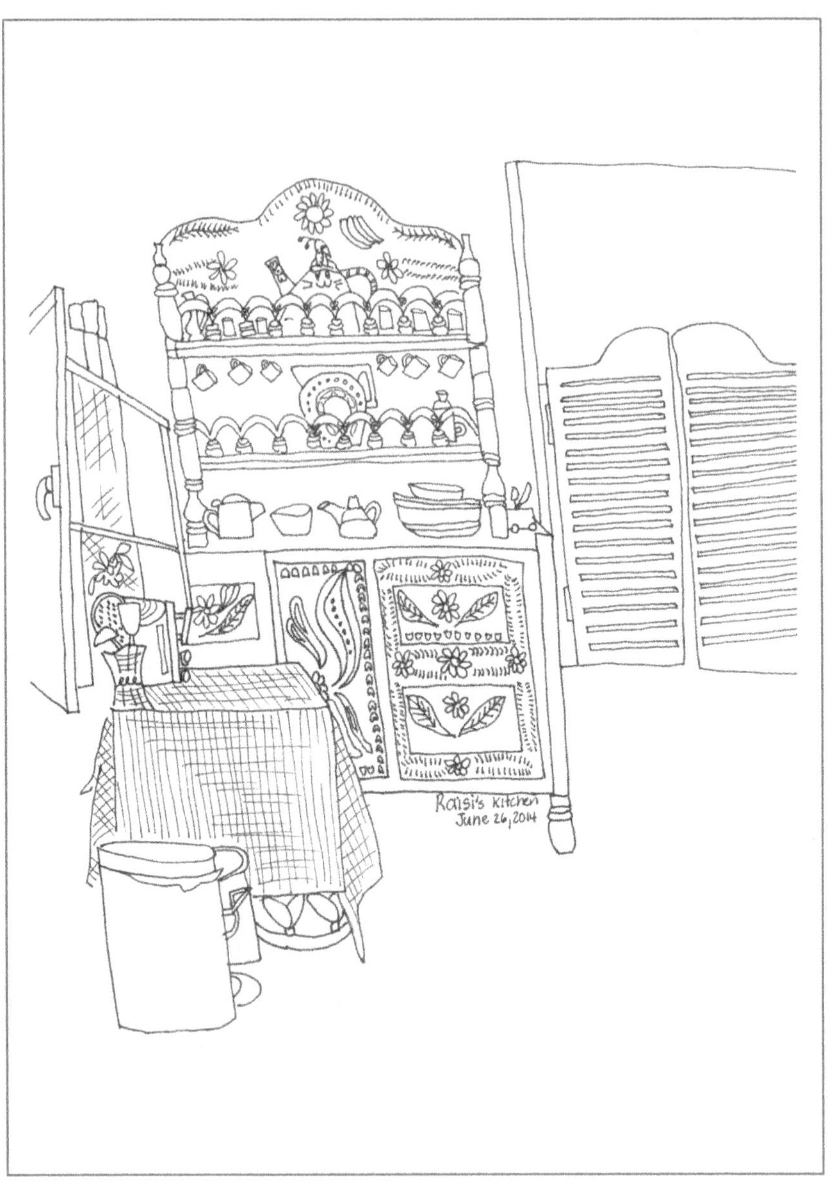

Cocina de Raisi

Aerial Views

Vistas Panorámicas

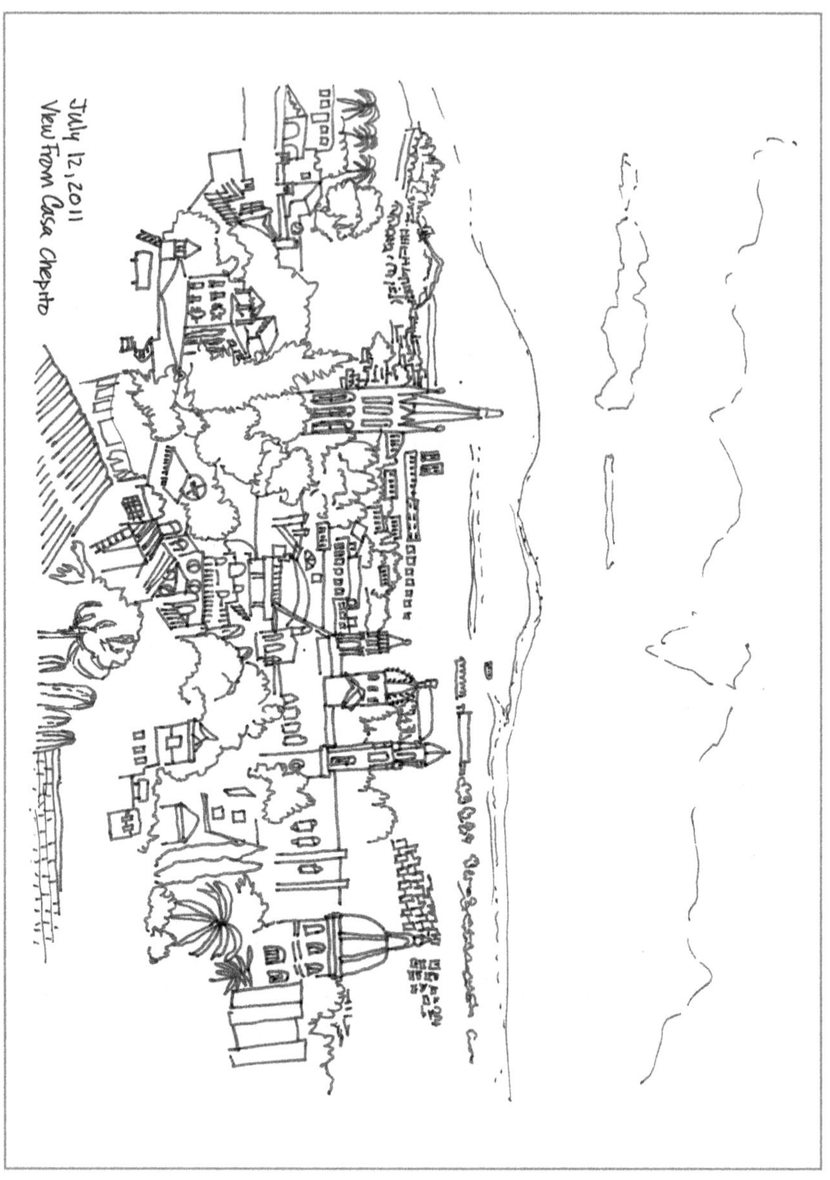

Vista desde Casa Chepito

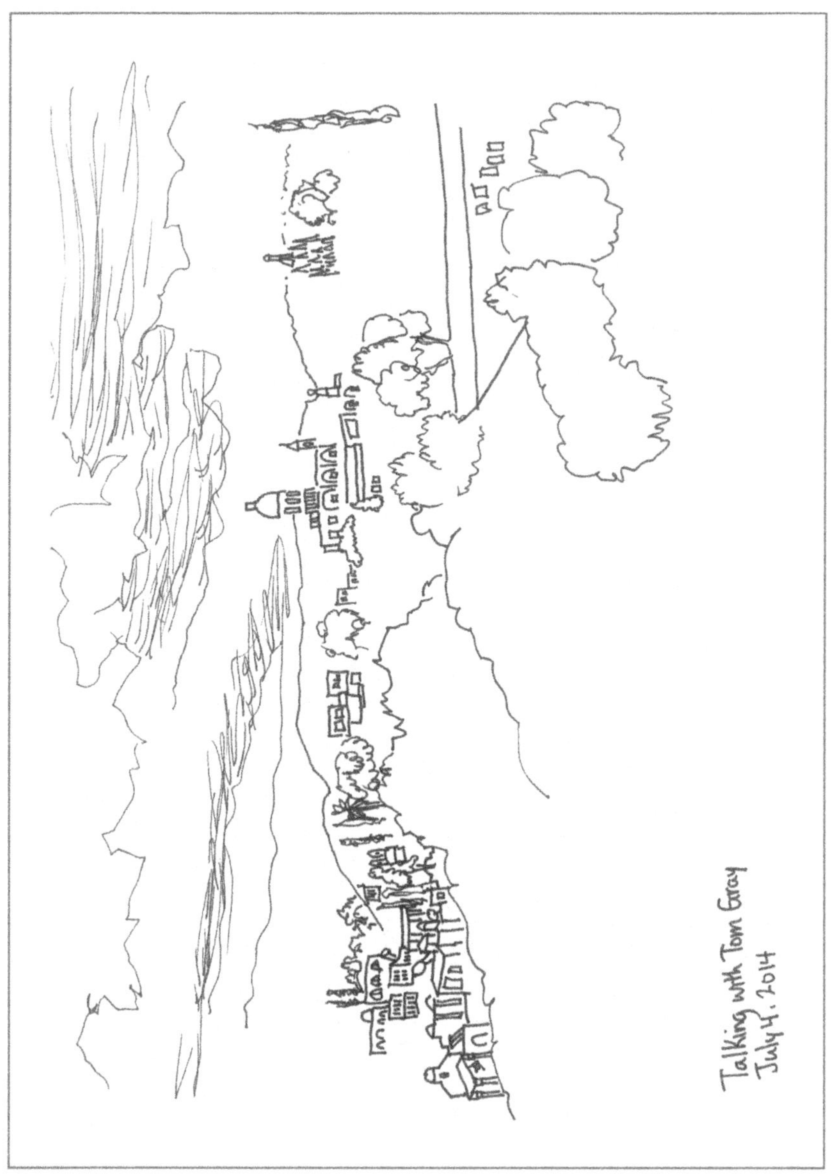

Vista desde el Centro de Convenciones.

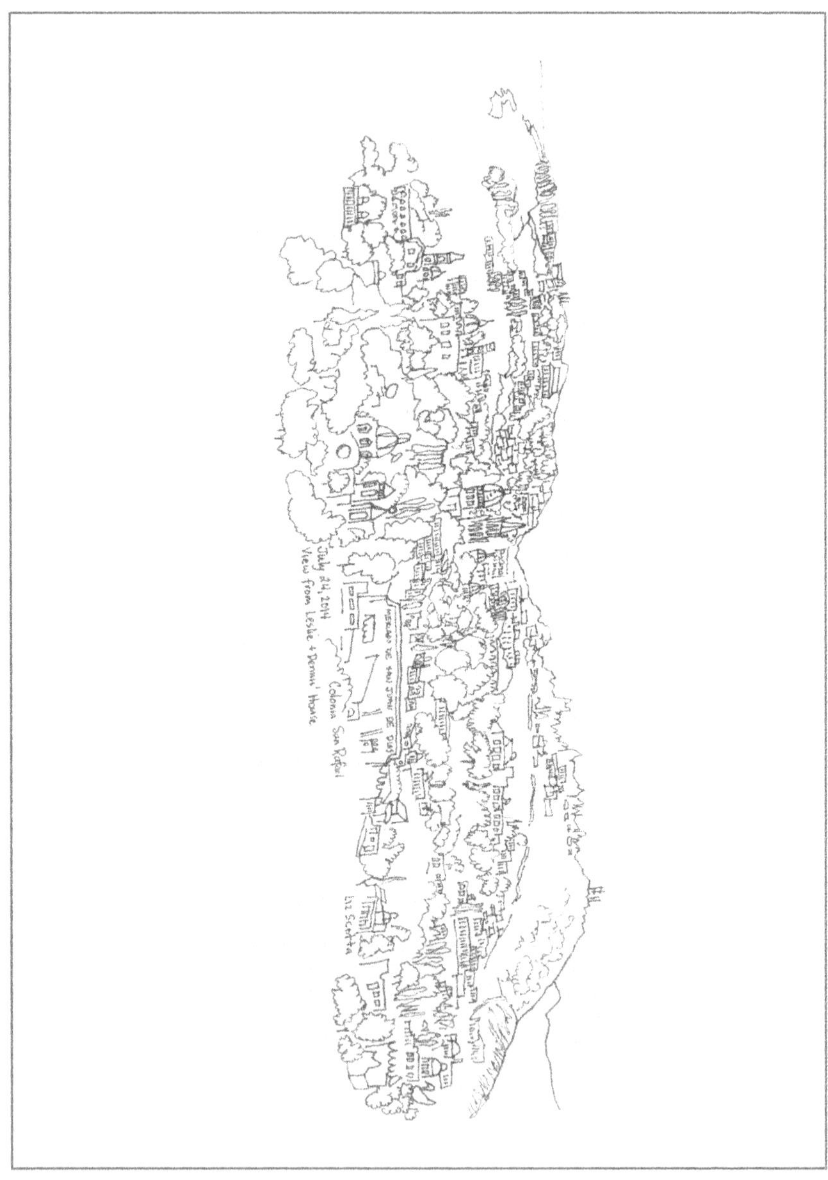

Vista desde la casa de Leslie y Dennis

Colonia Guadalupe

—— ❧ ——

Guadalupe Neighborhood

2013
ARil
MXCLi
SAMMIGUEL
AURA
EDGAR ALLAN POEi EL CUERVO
OH, DEATH!
HAMILET
OCTAVIO PAZ
KAFKA EN LA ORILLA
MACARIO

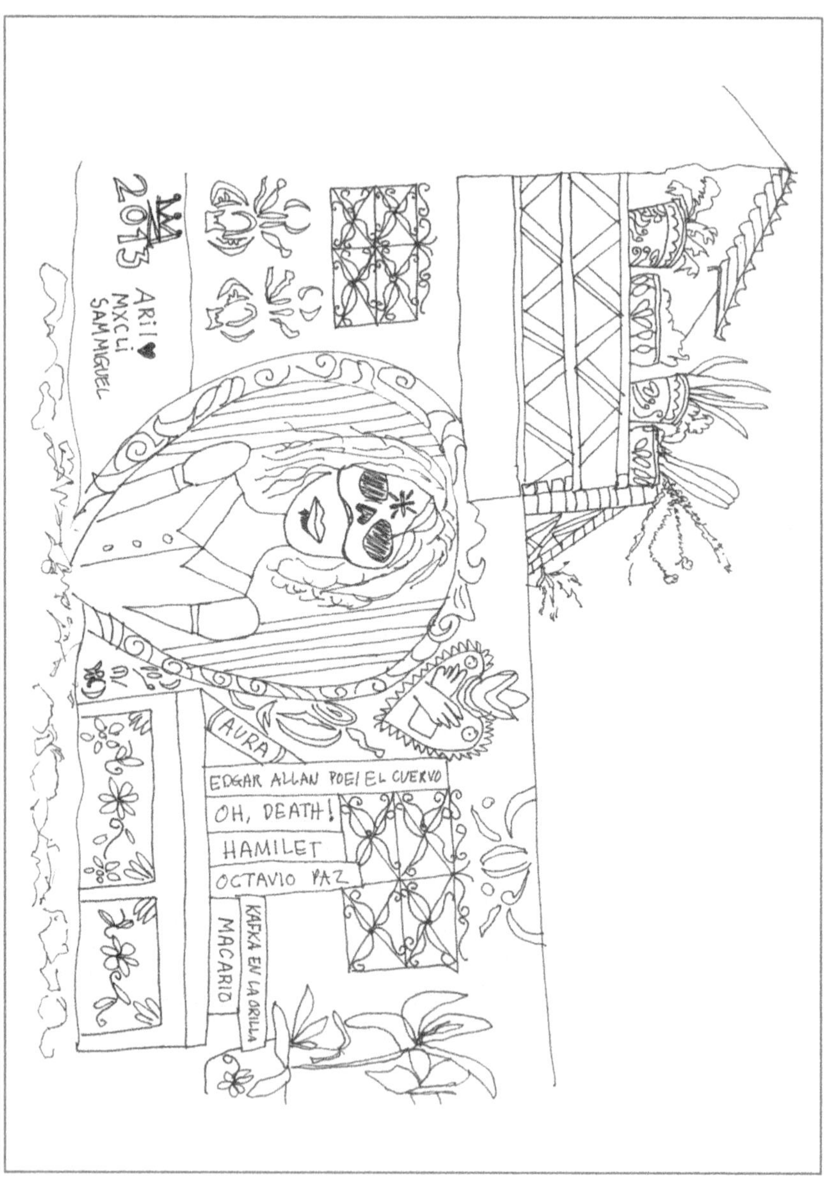

Mural

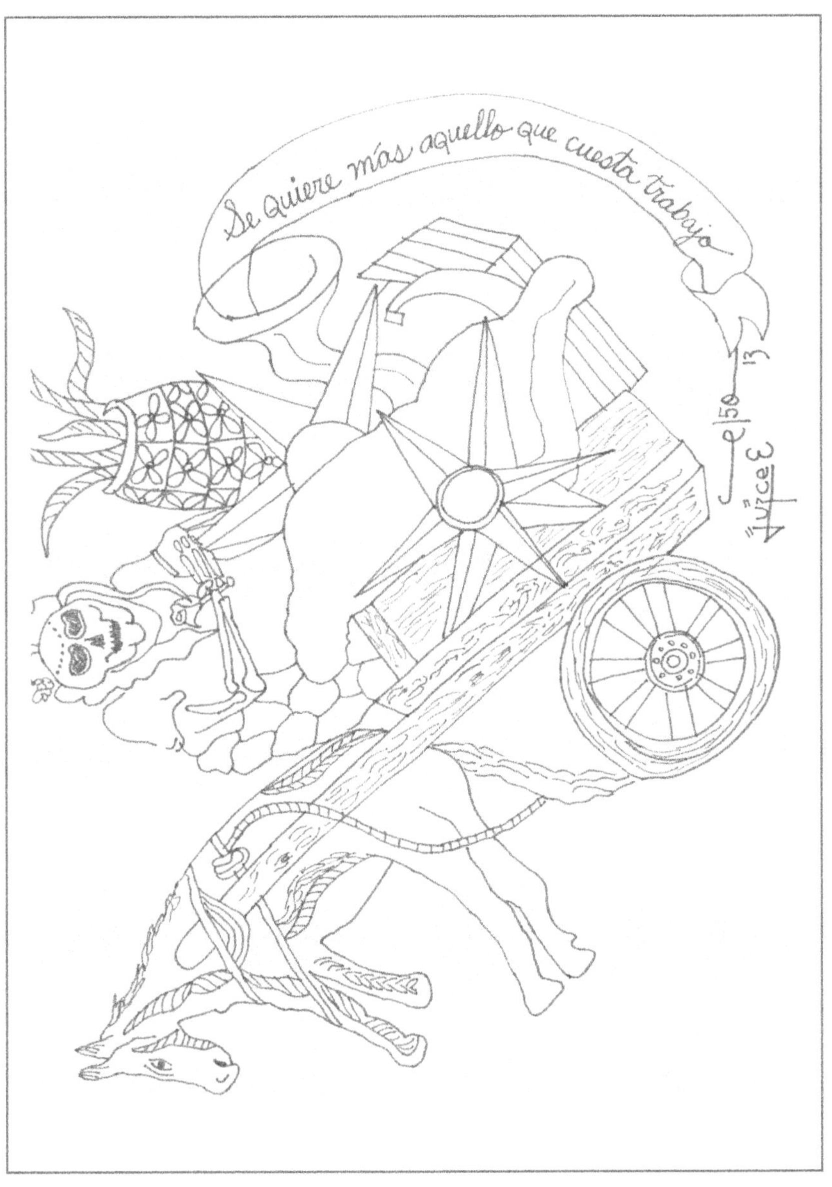

Mural

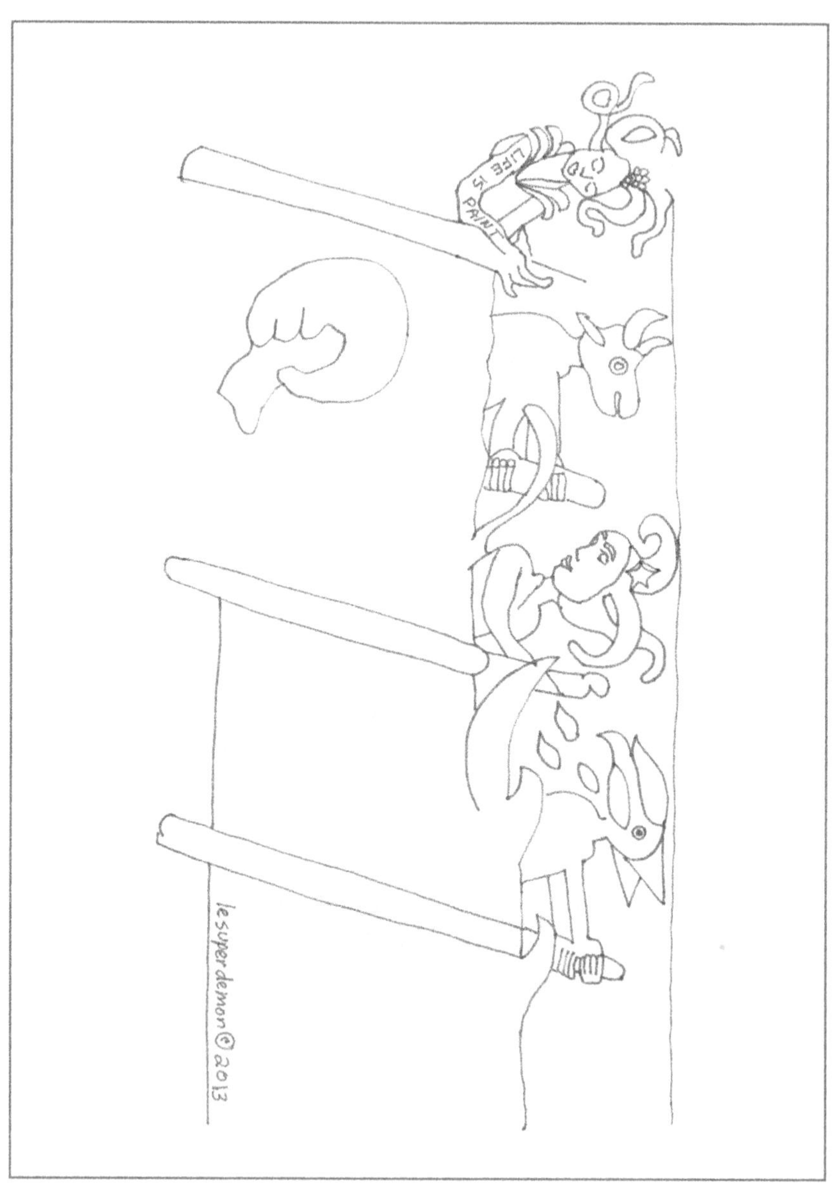

Mural

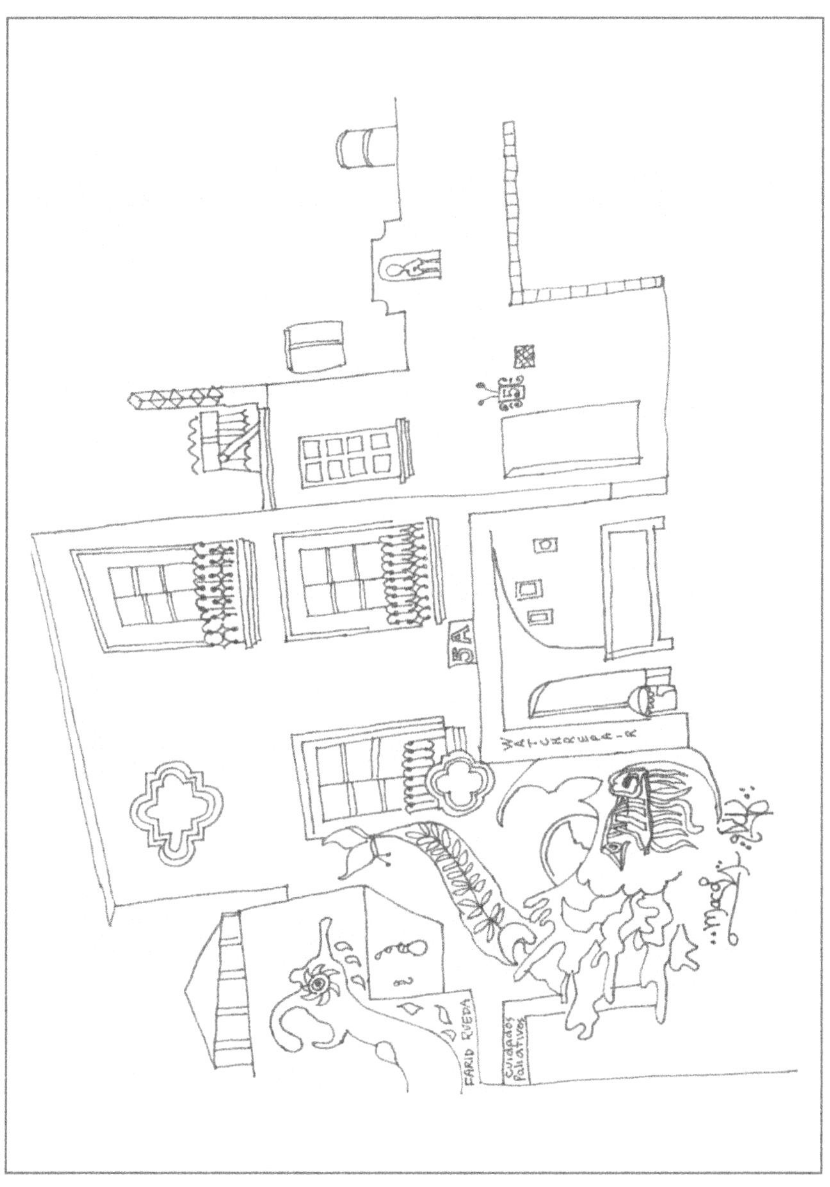

Mural

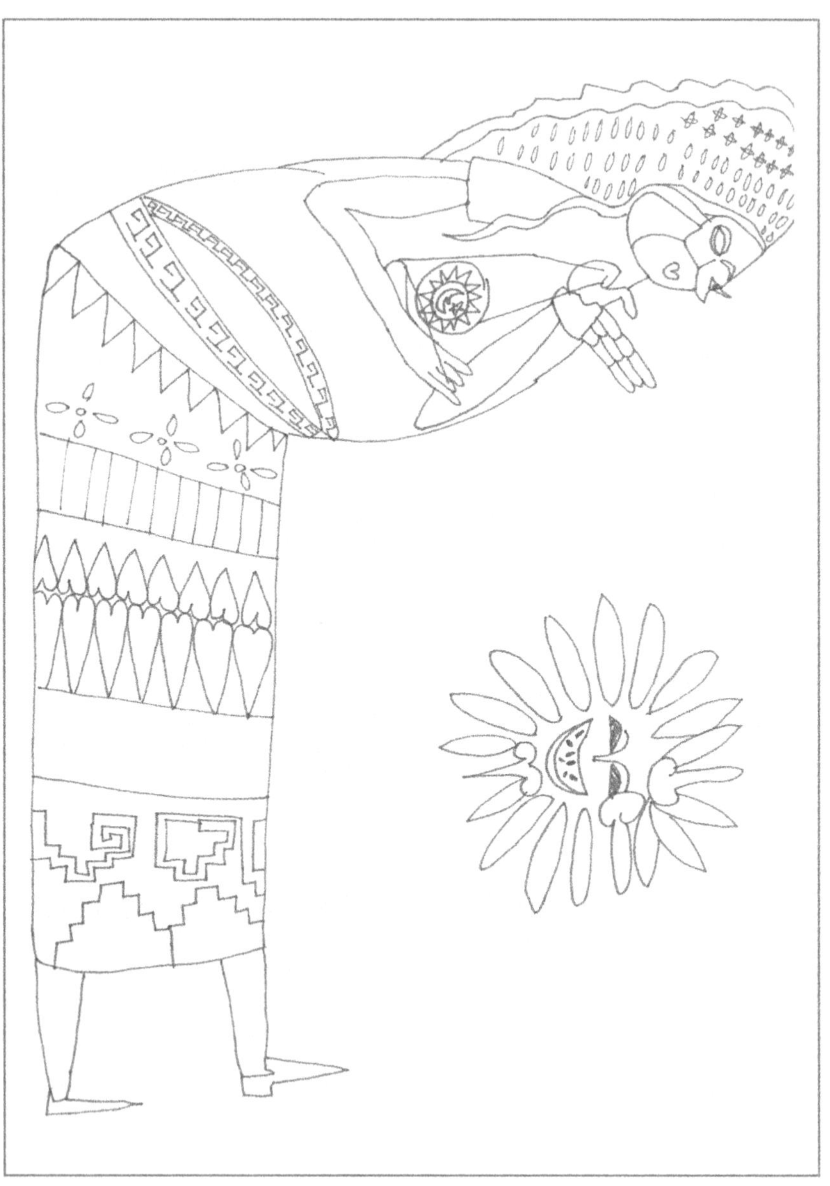

Figura sentada

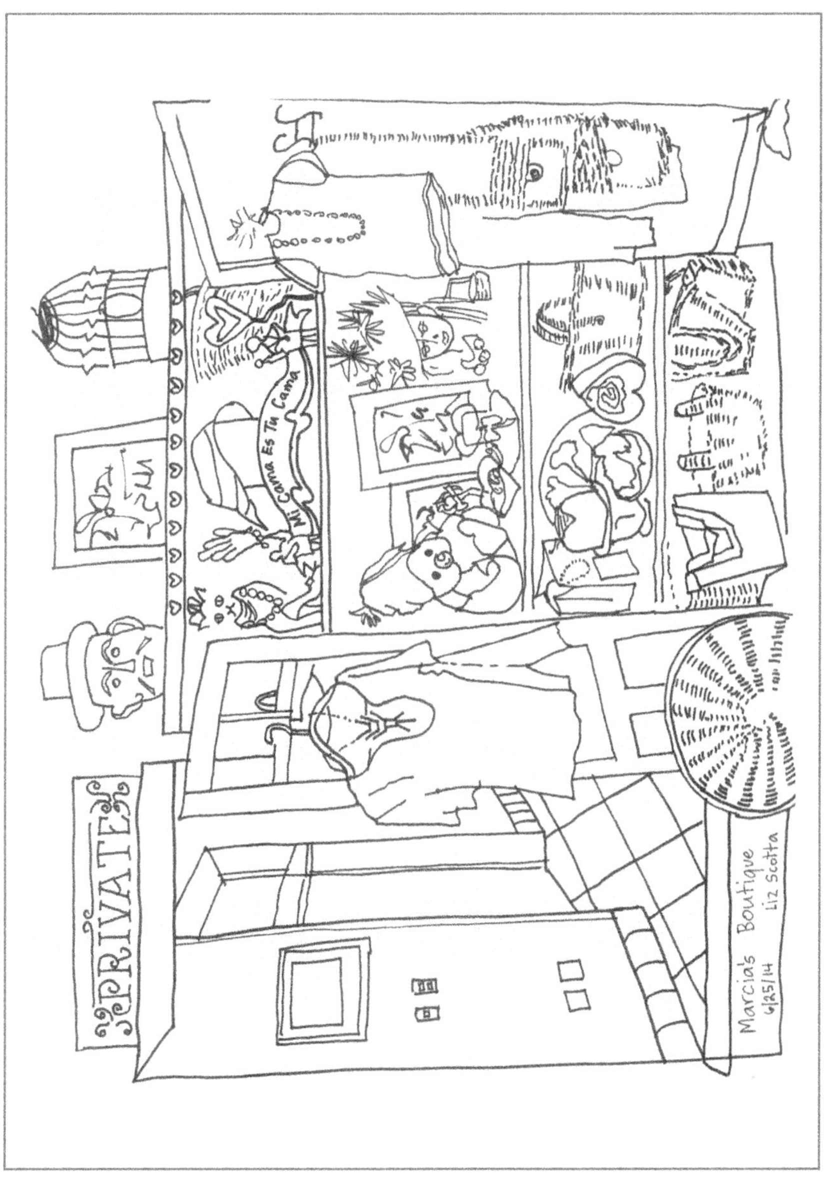

Marcia's Boutique

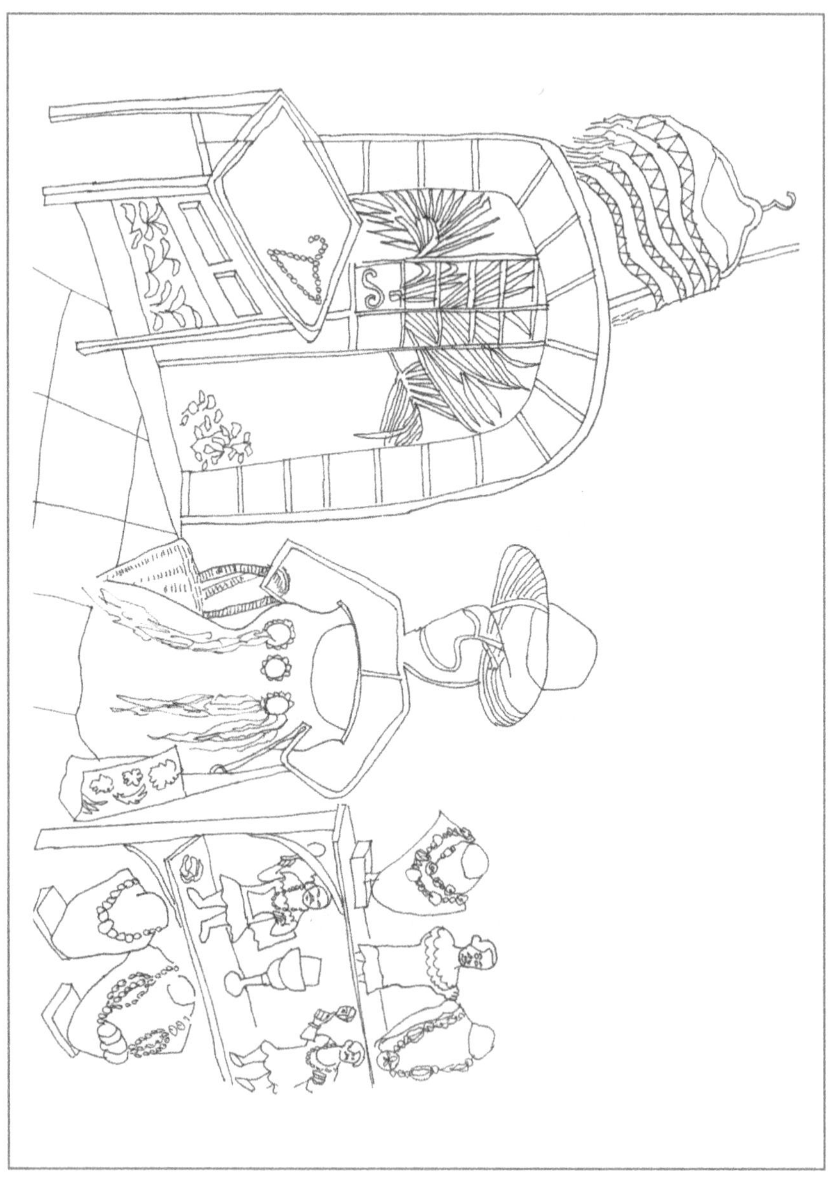

Marcia's Boutique

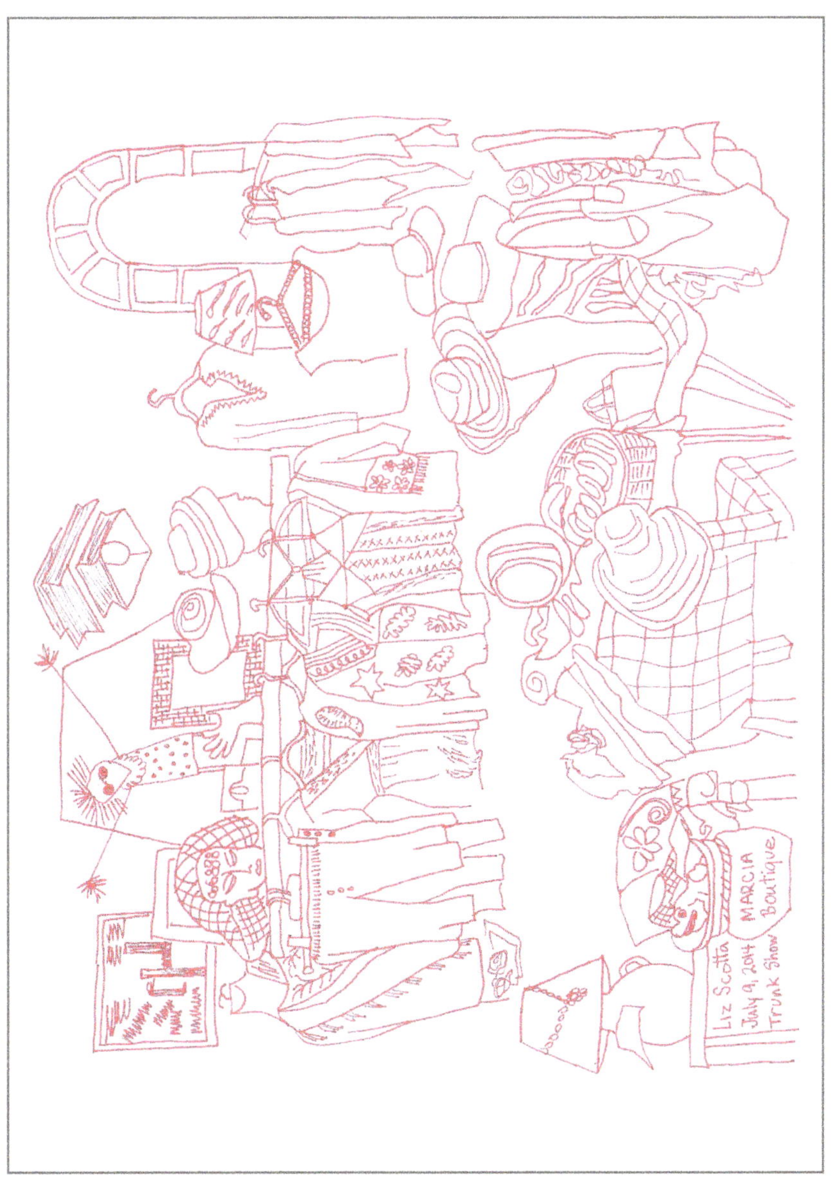

Marcia's Boutique

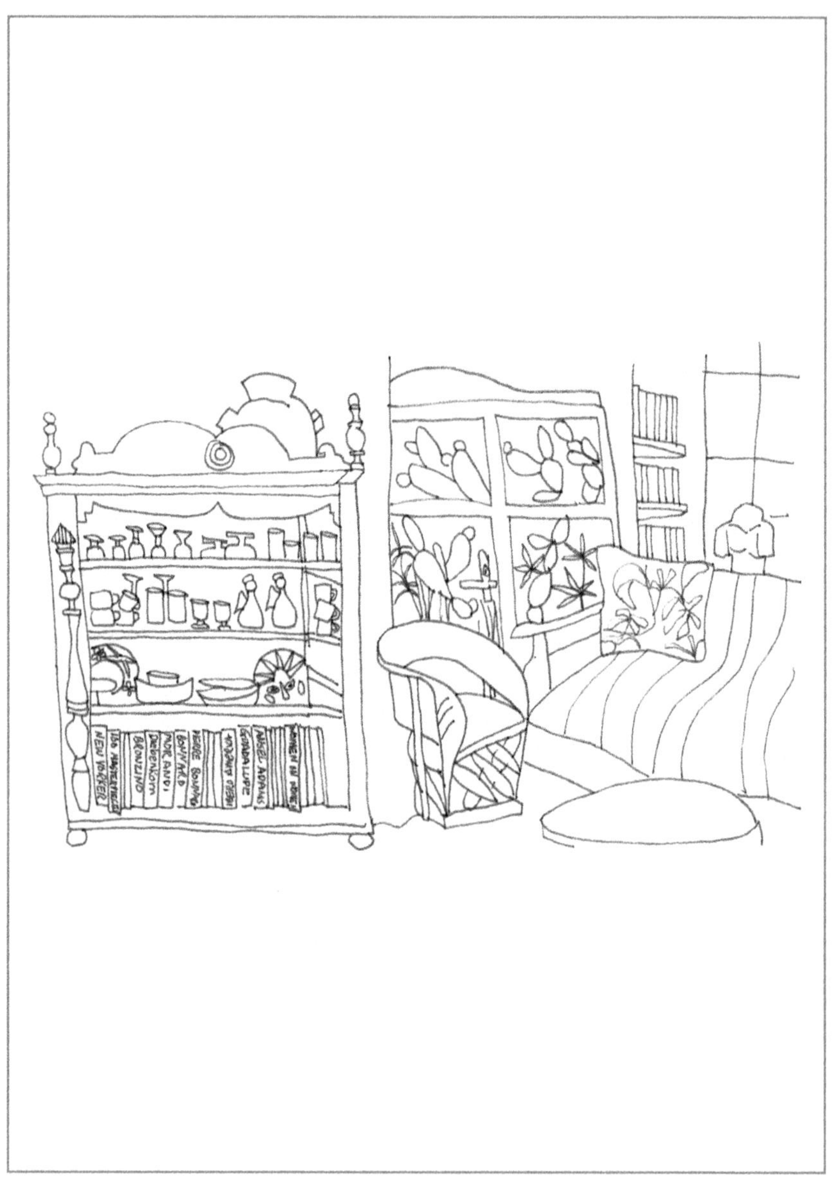

Sala de estar

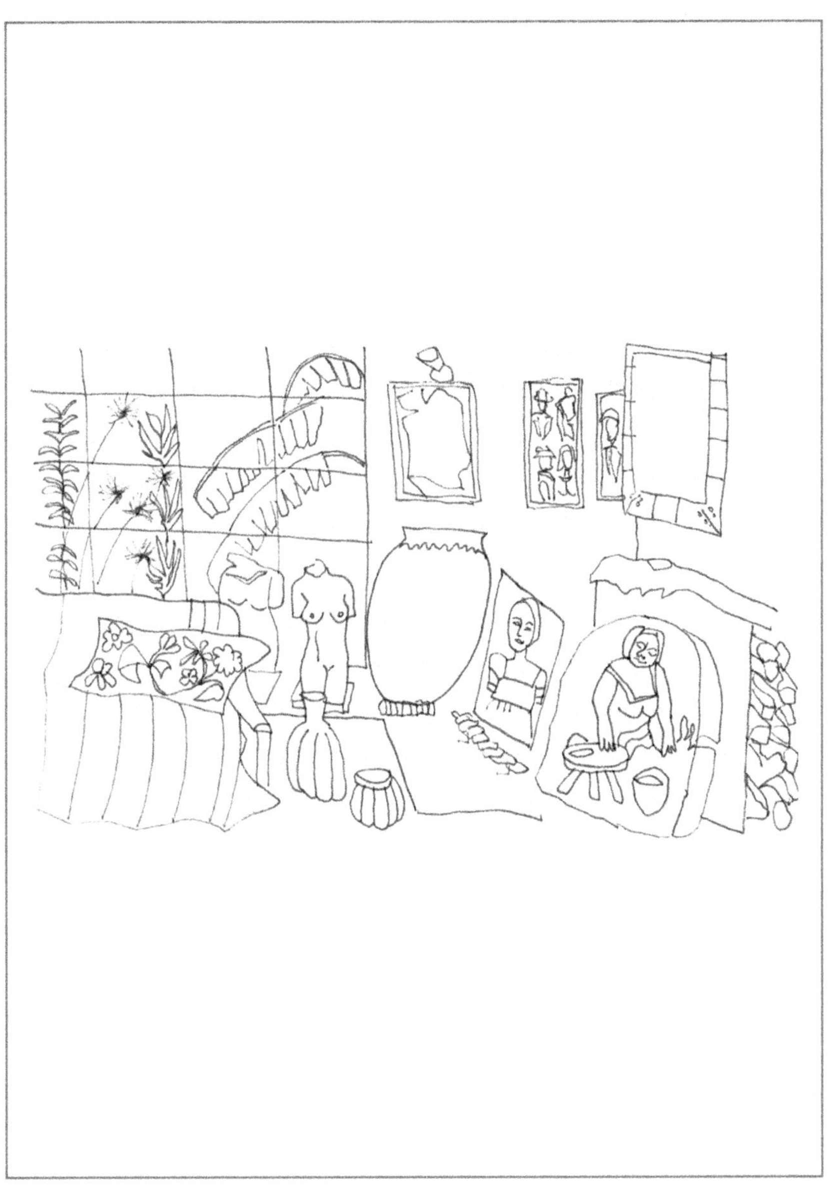

Sala de estar

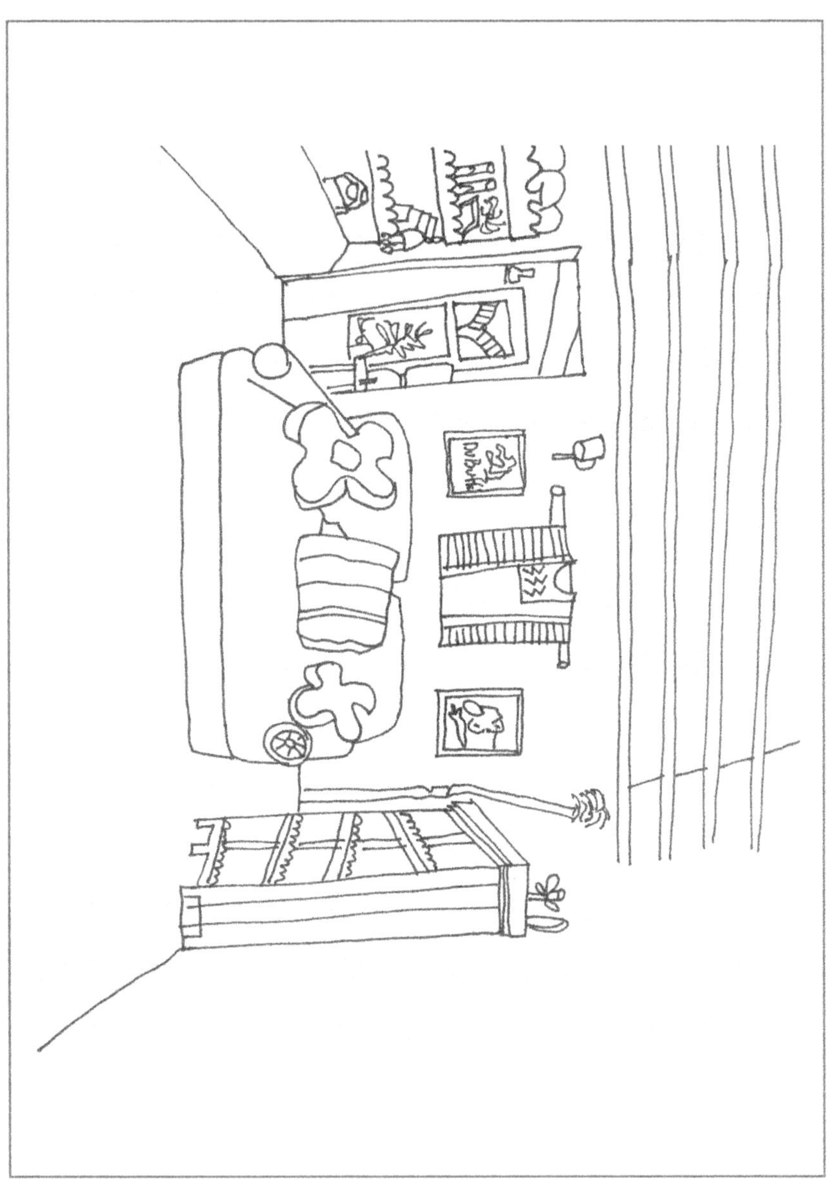

Oficina

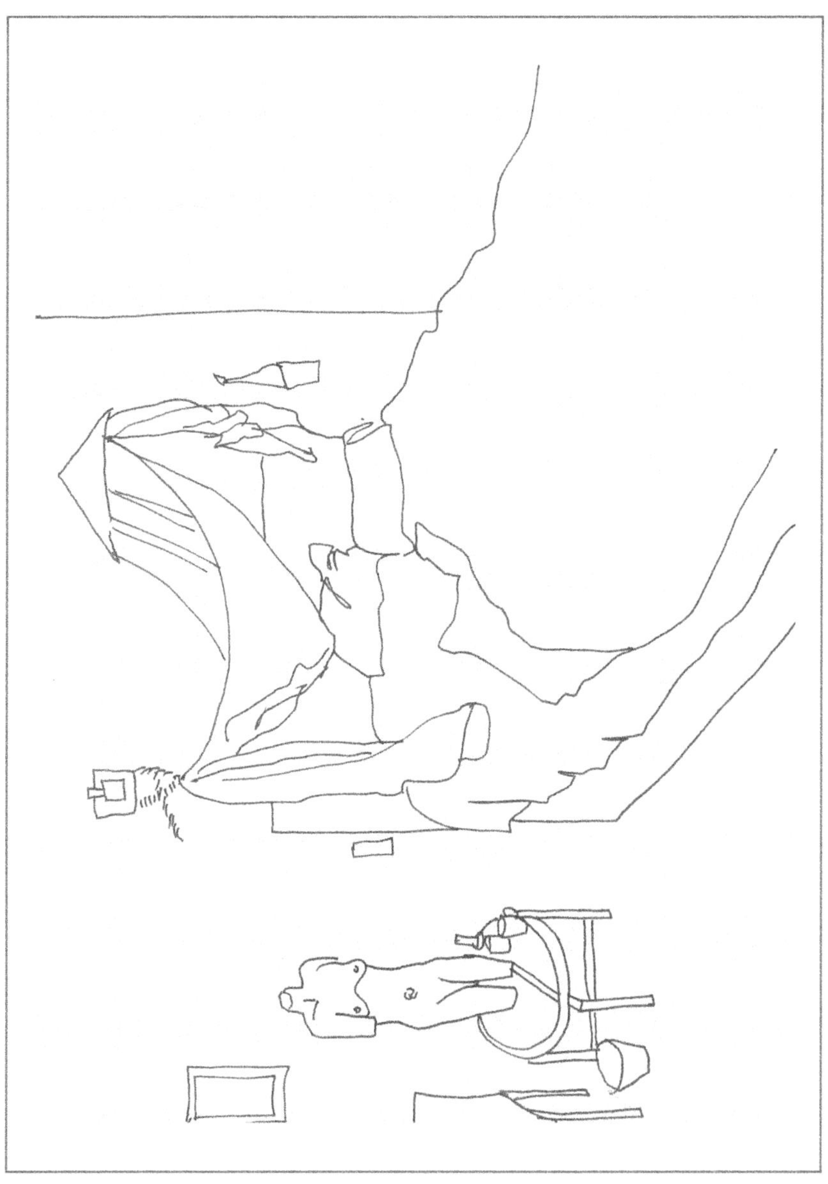

Recámara

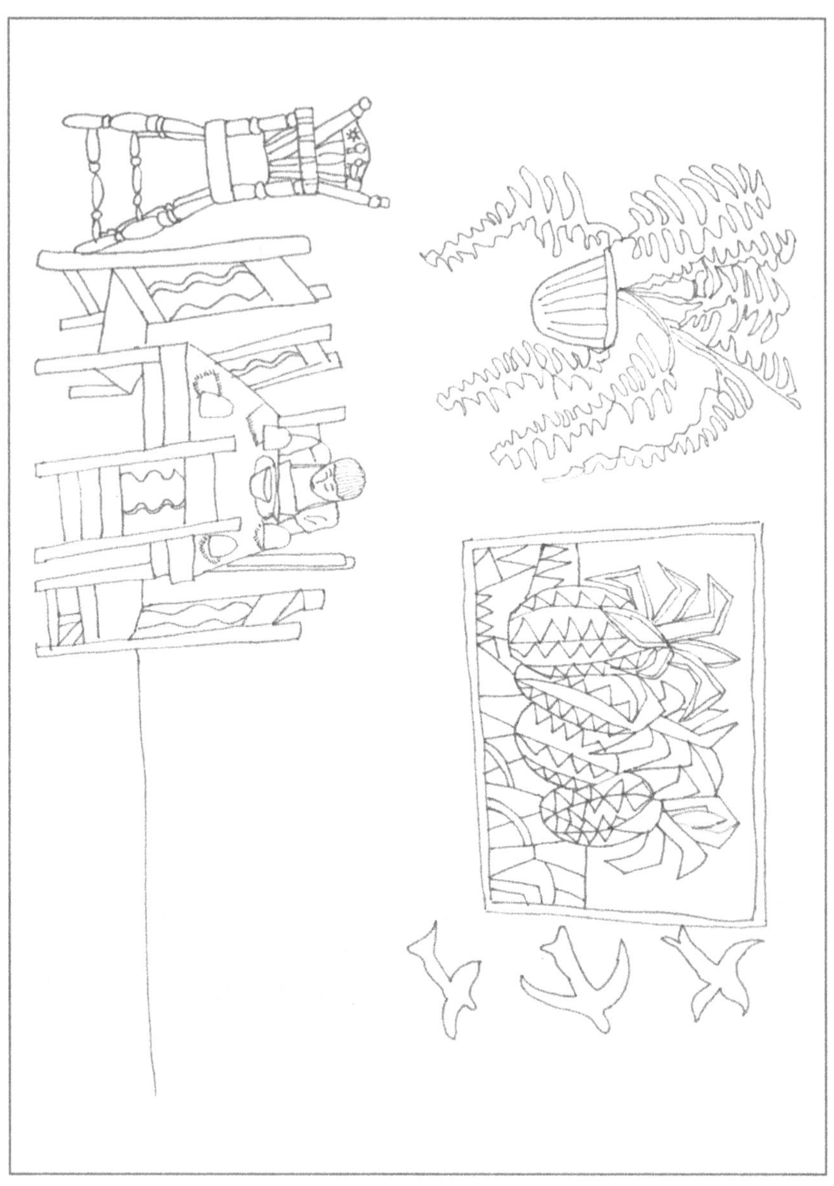

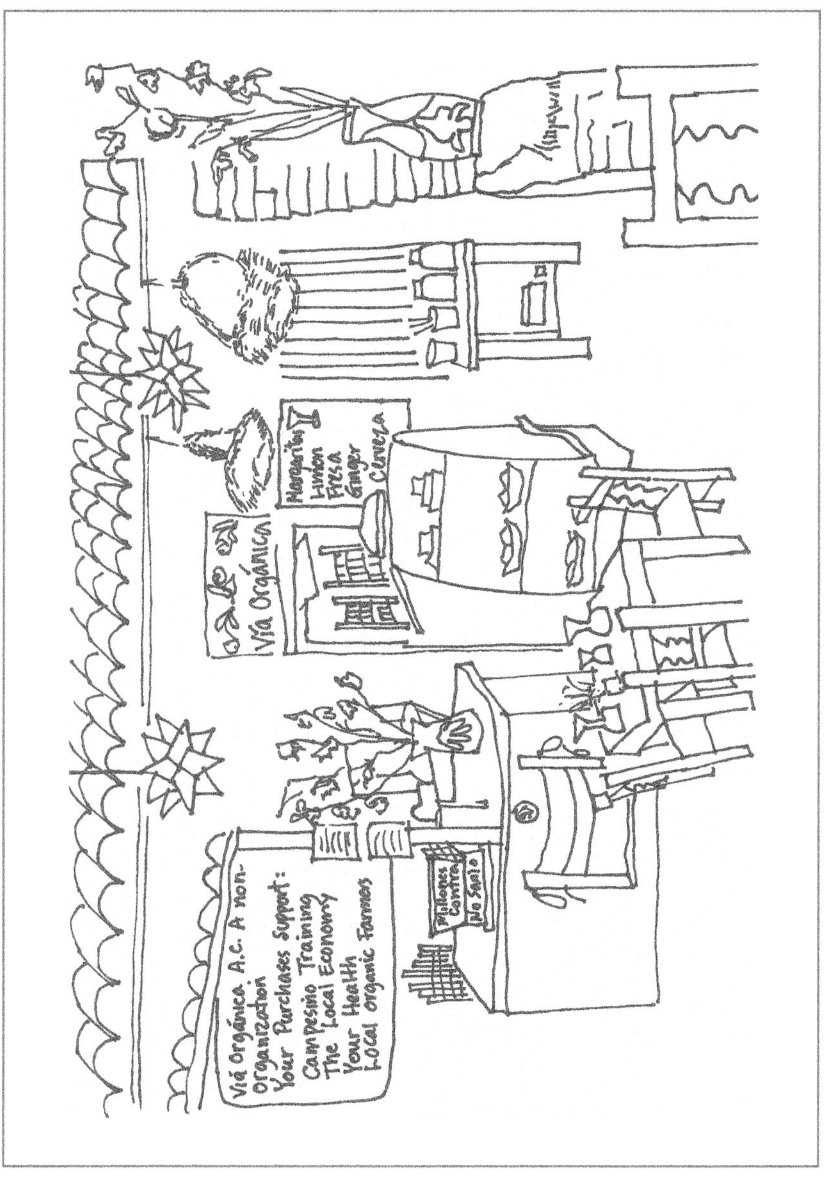

Viá Orgánica A.C. A non-Organization
Your Purchases Support:
Campesino Training
The Local Economy
Your Health
Local organic Farmers
Vía Orgánica
Margaritas
Limon
Fresa
Ginger
Cerveza
Millones Contra No Santo

Acknowledgments

Many people helped make this book possible by providing advice, information, encouragement, and support.
Thanks to you all!

City College of San Francisco Art Department, Donna Dickson, Robert de Gast, Rossy Faisal, Gerry Fait, Suzanne and Felipe Flores, Susan Gale, Patrick Galleguillos, Patty Garcia, Julie Garfield, Margaret Goulding, Carolyn Guerrero, Jerry and Pauline Guerrero, Frank Haywood, Raymond Hill, John Hotvedt, Martin Jennings, Alicia Kartinos, Alexis Kharel, Joanna and Stan Krome, Donna and Victor Lowell, Anthony Maulucci, Christine McReynolds, Renee Miyauchi, my 5th graders at César Chávez Elementary School, Rafa Nuñez, Anne Oehschlaeger, Sylvia Pascal, Morgan Proctor, Ramblers Club, Catalina Rico, Gerardo Ruiz, Edina Sagert, Kat Sauvage, Steve Schneider, Barbara Scott, SF Sketchers, Raj Shetty, Kathy Smolen, Jo Stearns, Lance Tagamori, Jakie Toor, Lorie Topinka, Liliana Valle, Kelley Vandiver, Max White, Laurie Wigham, Sunday Witte, Carol Wood.

Muchas personas ayudaron a hacer posible este libro al proporcionar consejo, información, aliento y apoyo.
¡Gracias a todos!

Agradecimentos